Conseils de **management**

LES CARNETS
HBRFRANCE.FR
Harvard Business Review
FRANCE

Conseils de management

Original work « Management Tips 2 » © 2021 Harvard Business School Publishing Corporation
Published by arrangement with Harvard Business Review Press
Édition originale publiée sous le titre « Management Tips » par Harvard Business School Publishing Corporation avec l'autorisation de Harvard Business Review Press

Éditions Prisma
Directeur : Pierre-Olivier Bonfillon
Directrice éditoriale adjointe : Laura Stioui
Responsable d'édition : Valérie Langrognet
Édition : Nicolas Rabeau
Chefs de fabrication : Jérôme Brotons et Anne-Kathrin Fischer

Traduction : Anne Rémond
Correction : Fabienne Texier
Création graphique de la couverture et mise en page : Nord Compo
Illustration de couverture : © Shutterstock

13, rue Henri-Barbusse
92624 Gennevilliers Cedex

Sommaire

À propos du livre

Cet ouvrage est une compilation des « Astuces de management du jour » issues de *Harvard Business Review*. Adaptés d'articles numériques et d'autres contenus, ces textes offrent des conseils rapides et pratiques pour mieux vous organiser et piloter votre équipe. Consultez les références bibliographiques en fin d'ouvrage pour plus d'informations sur les sources dont proviennent ces conseils, et rendez-vous sur le site www.hbrfrance.fr afin de découvrir d'autres recommandations et textes.

Se gérer soi-même

01

Définissez votre philosophie personnelle

Se soucier de ce que les autres pensent de vous peut être paralysant. Vous cessez de prendre des risques et jouez la sécurité. Votre carrière en pâtit. Pour combattre ces angoisses, définissez une philosophie personnelle qui correspond à votre personnalité. Quelles valeurs vous guident ? Qui possède des qualités identiques aux vôtres, et quelles sont-elles ? Pourquoi estimez-vous réaliser d'excellentes performances ? Comment souhaitez-vous vivre votre vie ? Notez vos réponses et recherchez les points communs qui se dégagent. Utilisez les termes qui ressortent pour déterminer votre philosophie personnelle. Puis engagez-vous à la respecter.

Lorsque quelque chose au travail entame votre confiance en vous, laissez votre philosophie vous rappeler pourquoi vous faites ce que vous faites. Ignorez l'avis des autres et concentrez-vous sur ce qui compte réellement.

02

Managez avec assurance malgré votre manque de confiance en vous

Face à un défi difficile, vous pouvez éprouver des doutes et même avoir peur. Cependant, ce sera compliqué d'inspirer votre équipe si elle ressent votre hésitation. Suivez ces quatre conseils pour insuffler la confiance. Tout d'abord, faites preuve d'empathie envers les membres de votre équipe. Ils apprécieront que vous ne soyez pas déconnecté de leurs sentiments. Deuxièmement, communiquez votre vision de l'équipe et décrivez le défi difficile en question. Vos collaborateurs ont besoin de savoir dans quelle direction vous les menez. Troisièmement, définissez une orientation. Montrez à votre équipe comment vous atteindrez cette vision ensemble. Enfin, apportez du concret à vos collaborateurs pour leur donner envie d'adhérer à vos propos. Donnez de la substance à votre orientation et à votre optimisme. Soyez précis, personnel et faites référence au travail que les membres de votre équipe accomplissent déjà pour renforcer leur assurance et la vôtre.

03

Améliorez votre esprit critique

Pour prendre de bonnes décisions, faites preuve de sens critique. Trop de dirigeants acceptent la première solution proposée ou ne prennent pas en considération tous les aspects d'un problème. Pour vous prémunir de ces erreurs, vous pouvez aiguiser votre esprit critique. Premièrement, remettez en question vos idées reçues, surtout lorsque les enjeux sont élevés. Si, par exemple, vous proposez une nouvelle stratégie d'entreprise, demandez : « Pourquoi est-ce la meilleure façon d'avancer ? Que disent les recherches de nos attentes concernant l'avenir du marché ? » Deuxièmement, reposez-vous sur la logique. Lors de l'évaluation des arguments, examinez si les preuves aboutissent à une conclusion implacable. Des faits viennent-ils étayer la logique pour chaque élément ? Troisièmement, recherchez des idées nouvelles. Si vous faites appel à votre cercle restreint pour étudier ces questions, ce ne sera pas productif si ces proches vous ressemblent et pensent comme vous. Demandez à d'autres personnes de remettre en question votre raisonnement.

04

Focalisez-vous sur les « micro-habitudes »

Les personnes couronnées de succès ont souvent des aspirations de développement personnel élevées. Mais les objectifs honorables tels que « méditer une heure par jour » ou « lire davantage » sont en général plus pesants que viables. Alors, commencez de façon modeste en vous focalisant sur des « micro-habitudes » : des comportements plus facilement réalisables qui s'acquièrent sur le long terme. Ces habitudes devraient être ridiculement petites : par exemple, méditer pendant trente secondes ou lire un paragraphe tous les soirs.

Appuyez-vous sur une tâche quotidienne : effectuez votre nouvelle action en même temps qu'une autre (ou juste avant) que vous accomplissez déjà tous les jours. Lisez votre paragraphe pendant que vous vous brossez les dents. Méditez en attendant que votre café passe. Réalisez le suivi de vos progrès, mais de façon simple. Par exemple, utilisez une « liste de oui » : inscrivez l'action souhaitée et, sous chaque date, notez simplement un O ou un N. Une fois que vous aurez accumulé plusieurs semaines de oui, vous pourrez augmenter légèrement votre micro-habitude, disons de 10 %. Poursuivez ces incrémentations infimes jusqu'à ce que cette nouvelle action soit ancrée dans vos habitudes.

Commencez petit, et vous obtiendrez de grands résultats.

05

Ne laissez pas le perfectionnisme se mettre en travers de votre chemin

Le perfectionnisme peut vous pousser à l'excellence, mais il peut aussi augmenter votre anxiété et réduire votre productivité. Sachez quand lâcher prise et aller de l'avant. Dressez la liste des éléments essentiels d'une tâche. Si vous travaillez par exemple sur un argumentaire de vente, assurez-vous que votre présentation aborde les principales préoccupations du client et explique pourquoi celui-ci devrait faire appel à votre entreprise. Le perfectionniste que vous êtes peut s'inquiéter du choix de la police ou du moindre point-virgule, mais, une fois tous les éléments de votre liste barrés, prenez peu à peu du recul. Ou demandez à un collègue de confiance de vous aider à relativiser. Avez-vous besoin qu'une personne vous dise quand votre premier jet est suffisamment bon ou quand vous devez arrêter de chercher la petite bête ? C'est très bien d'avoir des critères ambitieux, mais ils ne devraient pas vous empêcher d'accomplir votre travail.

06

Ne culpabilisez pas d'être à la traîne

Quand vous avez une liste de tâches interminable, vous pouvez facilement vous reprocher ce que vous n'avez pas terminé. Mais la culpabilité n'est utile que si elle vous motive à en faire plus ; vous ne devriez pas ressentir de honte. Pour atténuer ces sentiments lorsqu'ils surviennent, faites preuve d'autocompassion. Imaginez ce que vous diriez à un ami qui culpabiliserait d'avoir pris du retard sur certains projets. Très probablement, vous lui conseilleriez de ne pas trop s'en soucier, alors dites-vous la même chose. Vous pouvez également vous sentir mieux en vous focalisant sur ce que vous avez réussi à accomplir. Tenez une « liste des réalisés » en plus de votre liste de tâches, afin de visualiser le travail achevé. N'oubliez pas que tout ce que vous avez à faire sera encore là demain, que vous culpabilisiez ou non. Aussi, soyez indulgent avec vous-même, prenez une bonne respiration et faites de votre mieux.

07

Rangez votre bureau

Si votre espace de travail est en désordre, votre efficacité peut en pâtir. Les recherches en la matière indiquent que le fouillis accroît le niveau de stress et d'anxiété, réduit notre capacité de concentration et nous fait paraître moins consciencieux et sympathique. Prenez l'habitude de ranger votre bureau. Bloquez quelques minutes sur votre agenda chaque semaine pour trier vos affaires. En ce qui concerne le fouillis numérique, demandez au service informatique des outils pour organiser vos documents et des conseils sur ce que vous pouvez mettre à la corbeille. Pour votre bureau à domicile, définissez un espace précis, de sorte à délimiter votre travail et votre vie personnelle. (Les recherches montrent également que les environnements désordonnés peuvent favoriser la créativité ; il suffit que votre bureau ne soit pas trop chaotique.)

08

Se sentir mal à l'aise en phase d'apprentissage est normal

Débuter dans un domaine peut sembler gênant et embarrassant, surtout si vous avez l'habitude d'être un expert. Mais ces sensations inhérentes au développement et aux progrès sont inéluctables. Pour vous habituer à cet inconfort, sachez qu'il est courageux d'être débutant. Exposer ses faiblesses et essayer de nouvelles choses demandent de la bravoure. Facilitez-vous un peu la tâche en optant pour des situations d'apprentissage à faible enjeu (par exemple, une formation où l'on n'attend pas de vous que vous soyez un expert ou où vous ne connaissez personne). Si cela est utile, faites savoir aux autres participants que vous risquez de rater tout ce que vous entreprendrez. Votre bonne disposition à prendre des risques peut inspirer les autres à vous imiter. Ne cessez jamais de vous former. Continuez à vous dépasser, en particulier dans les domaines où vous êtes accompli, afin de vous améliorer encore plus. Si vous êtes prêt à éprouver de la gêne et de la honte, et même à échouer, ce que vous pouvez faire n'a pas de limites.

09

Apprenez au quotidien

Nous avons tous besoin de continuer à apprendre de nouvelles choses, afin de progresser dans notre carrière. Mais, parfois, l'urgence de notre agenda nous en empêche. Pour vous dégager du temps pour apprendre, incluez la formation dans vos tâches quotidiennes. Apprenez des compétences de ceux qui vous entourent. Remarquez comment votre supérieur gère une négociation ; interrogez les commerciaux sur les tendances du secteur ; demandez à vos collègues de vous faire un retour sur une présentation que vous avez conduite.

Parfois, quelque chose peut piquer votre intérêt, mais vous êtes trop occupé pour l'explorer. Dressez une liste de choses « à apprendre » : notez des concepts, des idées et des pratiques sur lesquels vous souhaitez revenir plus tard.

Par ailleurs, créez un outil de formation pour votre équipe, via Slack, SharePoint ou autre, où vous ajouterez des liens vers des ressources intéressantes.

10

Tournez la page de vos erreurs

Quand vous faites une erreur au travail, la rejouez-vous dans votre tête pendant des jours, voire des semaines ? Ces ruminements peuvent entraîner une grave anxiété. Pour sortir de ce cercle vicieux, identifiez ce qui déclenche ce ressassement. Certaines personnes, projets ou décisions ont-ils tendance à vous faire douter de vous ? Remarquez quand (et pourquoi) une situation vous fait trop réfléchir. Prenez du recul par rapport aux idées négatives en les étiquetant de pensées ou de sentiments. Au lieu de dire « Je ne suis pas à la hauteur », dites « J'ai l'impression de ne pas être à la hauteur ». Ces « étiquettes » créent une distinction entre la situation que vous vivez et la personne et l'employé que vous êtes. Trouvez une distraction. Lorsque votre cerveau n'arrête pas de ruminer, adonnez-vous à une activité simple sur laquelle vous vous concentrerez pendant quelques minutes, comme une promenade ou une méditation.

11

Ne prenez pas pour vous les petites contrariétés

Parfois, la plus petite action, ou inaction, peut avoir un grand retentissement sur l'image que nous avons de nos collègues. Imaginez que vous ayez envoyé un e-mail à un collègue il y a quelques jours et qu'il n'ait pas répondu. Vous pourriez le trouver impoli, mais il se peut qu'il ait des délais serrés à respecter et soit en retard pour son projet. Face à ce genre de situation, envisagez le contexte global avant de tirer des conclusions. Lorsque le comportement d'un collègue a un impact négatif sur vous, demandez-vous s'il se consacre en ce moment à un projet important pour la direction. Quelque chose dans sa vie personnelle le perturbe-t-il ? Que penserait un observateur extérieur de la situation ? Est-ce que quelque chose ne va pas ou semble ne pas aller parce que vous êtes trop absorbé ? Tâchez de voir le bon côté chez les gens et essayez de ne pas prendre les choses personnellement.

12

Comment gérer les feed-back négatifs

Lorsque les feed-back qu'on vous adresse sont contre toute attente sévères, votre premier réflexe peut être de fuir et de vous cacher. Quatre étapes peuvent vous aider à réagir de manière productive :

Se ressaisir. Respirez profondément et analysez ce que vous ressentez. Mettre intérieurement des mots sur vos émotions (« Je me sens blessé et honteux ») peut vous aider à prendre du recul.

Comprendre. Demandez à l'auteur du feed-back des exemples détaillés du comportement mis en évidence. Écoutez-le calmement, comme si la conversation portait sur quelqu'un d'autre.

Prendre le temps. Dites à votre interlocuteur que vous avez besoin de réfléchir et lui répondrez dès que possible. N'approuvez pas ou ne désapprouvez pas ses propos dans l'immédiat. Prenez le temps de les digérer et de les analyser.

S'engager. Réfléchissez au bien-fondé du retour qui vous a été fait. Même les critiques sévères comportent en général un fond de vérité, que vous devez chercher. Ensuite, faites part du fruit de votre réflexion à votre interlocuteur.

13

Étudiez les feed-back positifs

Parce que les feed-back critiques sont désagréables et inquiétants, ils ont tendance à rester gravés dans notre mémoire. En revanche, les feed-back positifs sont sans pareil pour en savoir plus sur vos points forts et vos marges de progrès. Conservez les éloges que vous recevez, depuis les cartes de remerciements aux évaluations écrites, en passant par les commentaires dans des e-mails. Lorsque vous obtenez des commentaires mitigés, faites le tri entre les aspects positifs et négatifs, et classez les positifs dans votre dossier de compliments. Consultez régulièrement les éléments que vous avez conservés et réfléchissez-y. Quels thèmes ou tendances se dégagent ? Comment pourriez-vous exploiter vos points forts dans de nouvelles situations ? Quels autres enseignements tirez-vous de vos atouts ? Qui pourrait vous apporter ce recul ? Ces lauriers peuvent vous donner l'impression d'être prétentieux ou vous faire sentir mal à l'aise. Mais quelqu'un a fait l'effort de mettre en évidence ce pour quoi vous excellez, alors tirez-en parti.

14

Favorisez la franchise

Afin d'obtenir des commentaires qui vous aideront à vous améliorer, instaurez une culture où vos collaborateurs sentent pouvoir être honnêtes en toute sécurité. Montrez-leur que vous voulez connaître leur avis, surtout quand ils hésitent à vous en faire part. Posez des questions ouvertes et écoutez attentivement les réponses : « Qu'avez-vous entendu lorsque j'ai exposé ma stratégie ? » ou « Qu'avez-vous ressenti lorsque j'ai envoyé cet e-mail ? » Faites savoir à votre équipe que vous êtes intéressé aussi bien par des feedback positifs que négatifs, et résistez à la tentation de répondre à leurs propos ; même si vous n'êtes pas d'accord, contentez-vous d'écouter et de réfléchir. Remerciez votre équipe pour sa franchise et utilisez ses retours pour mettre en œuvre les ajustements nécessaires.

15

Où en êtes-vous dans votre carrière? Quel but visez-vous?

Si vous ne savez pas toujours comment vous devriez faire évoluer votre carrière, essayez d'écrire une phrase « de/à » : où vous en êtes aujourd'hui et où vous voulez aller. Par exemple, « Je veux passer d'un collaborateur individuel qui ajoute de la valeur grâce à son expertise technique et obéit aux directives d'autrui à un manager d'équipe qui définit une stratégie claire et obtient des résultats grâce à une petite équipe ». Pour vous aider, demandez à des supérieurs et à des collègues de confiance leur opinion sincère sur votre rôle et vos objectifs actuels. Invitez-les à être honnêtes, car leur transparence vous permettra de comprendre comment vous devez évoluer. Réfléchissez à leurs réponses et incluez-les dans votre phrase « de/à », puis demandez à ceux qui vous ont conseillé de la lire pour s'assurer de sa justesse. Il arrive parfois que les gens se trompent sur leur situation actuelle ou se fixent un but irréaliste.

16

Développez votre carrière en attendant le poste de vos rêves

Au début de votre carrière, devriez-vous vous attendre à obtenir le poste de vos rêves ou vous contenter de ce que l'on vous propose ? La réponse est « un peu des deux ». Tout emploi présente un intérêt ; aussi, pendant que vous recherchez le poste parfait, payez vos factures grâce à des emplois qui vous apportent au moins l'un de ces trois éléments : l'expérience, la crédibilité ou le revenu. Vous aurez besoin de compétences et d'expérience pour décrocher l'emploi de vos rêves. En attendant, recherchez des postes qui vous permettront d'acquérir les aptitudes nécessaires. Par ailleurs, envisagez d'intégrer des entreprises jouissant d'une excellente réputation, même si le travail en question ne correspond pas en tout point à votre objectif. Avoir une entreprise renommée sur votre CV vous permettra de vous démarquer aujourd'hui, mais également à l'avenir. Bien sûr, parfois, vous avez seulement besoin d'un salaire à la fin du mois. Quand tout le reste fait défaut, faites ce qu'il faut pour vous assurer un revenu.

17

En milieu de carrière, faites-vous aider par un mentor

Pourquoi les gens s'enlisent en milieu de carrière ? Dans certains cas, après avoir réussi tôt, ils jouent la sécurité plutôt que de prendre des risques qui leur permettraient de progresser. En conséquence, ils se sentent coincés dans un statu quo. Si cette situation vous semble familière, n'espérez pas que les choses finiront par changer, demandez de l'aide. Trouvez un mentor digne de confiance qui a rencontré les mêmes difficultés. Lors de vos entretiens, discutez des situations professionnelles épineuses auxquelles vous êtes confronté et interrogez-le sur ses expériences et comment il s'est donné les moyens d'évoluer. Vous pouvez également trouver un coach spécialiste des cadres que vous rencontrerez régulièrement. Un bon coach vous aidera à comprendre ce qui vous freine et explorera vos possibilités d'avenir. Réfléchissez aussi par vous-même. Demandez-vous si votre travail vous procure toujours de la satisfaction, si vous jouez la sécurité et quelle orientation vous souhaitez donner à votre carrière.

18

Planifiez votre retraite

Si vous voulez continuer à travailler dans une certaine mesure après votre retraite, vous devez le planifier. Posez-vous ces quatre questions :

Quelle somme d'argent ai-je besoin de gagner ? Si un certain revenu est obligatoire, ce critère doit primer et aura un impact sur vos autres décisions.

Depuis quel endroit veux-je travailler ? Si vous envisagez de concilier travail et voyages, ou si vous souhaitez passer l'hiver sous des cieux ensoleillés, réfléchissez bien au poste qui vous permettra de travailler à distance, comme un emploi saisonnier ou qui peut s'exercer totalement par Internet.

Quelle part de changement je désire ? Si vous souhaitez simplement ralentir le rythme par rapport à votre emploi actuel, demandez à votre responsable d'entreprendre une transition vers un rôle de consultant. Un changement plus audacieux nécessitera davantage de préparation.

Comment puis-je tester dès maintenant ma future carrière? Expérimentez avec quelques petits projets parallèles, pendant que vous bénéficiez de la sécurité de votre revenu régulier.

19

Refusez les corvées

Personne n'aime effectuer les « corvées de bureau », c'est-à-dire les tâches de faible importance, comme commander le déjeuner ou prendre des notes lors des réunions. Mais, d'après les spécialistes, certains groupes d'individus, dont les femmes et les personnes issues de minorités, se voient davantage confier ce genre de mission, et assumer ces tâches peut nuire à leur carrière. Comment devriez-vous réagir face aux corvées au travail ? Tout d'abord, ayez une réponse toute prête pour faire savoir que votre temps pourrait être utilisé à meilleur escient : « J'ai été recruté pour faire X, et cette nouvelle tâche empiéterait sur mon temps pour bien accomplir X. » Pour les requêtes impromptues, comme la commande du déjeuner, vous pourriez affirmer : « J'ai vraiment besoin de participer à cette réunion, c'est essentiel pour mes projets actuels. » Lorsque vous refusez des corvées, proposez de faire quelque chose de plus grande valeur à la place. Et, si vous ne pouvez pas dire non, assurez-vous que les gens sont conscients du travail supplémentaire que vous fournissez et d'en recevoir le mérite.

20

Trouvez un sens aux tâches qui vous déplaisent

Pensez à une activité que vous n'aimez pas toujours accomplir (par exemple, faire passer des entretiens d'évaluation). Demandez-vous pourquoi vous effectuez cette activité, mais en quatre fois. La première fois que vous vous demandez : « Pourquoi je fais ça ? », vous pourriez répondre : « Parce que je dois le faire » ou « Je veux que mon équipe sache où elle en est ». Puis posez-vous la question une deuxième fois : « Pourquoi est-ce que je veux que mon équipe sache où elle en est ? » La réponse pourrait ne pas être inspirante : « Parce que cela fait partie de mon travail. » Toutefois, elle pourrait commencer à paraître plus significative : « Pour que mes collaborateurs sachent comment atteindre leurs objectifs de carrière. » Puis interrogez-vous une troisième fois : « Pourquoi je me soucie que mes collaborateurs sachent comment atteindre leurs objectifs de carrière ? » Recommencez une dernière fois. À la quatrième interrogation, vous découvrirez probablement une raison significative qui justifie cette activité et une motivation pour l'accomplir en bonne et due forme.

21

Programmez des pauses

Le volume d'informations et de stimuli qui nous parviennent chaque jour rend la concentration plus difficile que jamais. Pour mener la réflexion minutieuse que nécessitent la prise de décision et le leadership, vous devez prendre du recul par rapport à cette agitation. Programmez des pauses d'au moins quinze minutes une à deux fois par jour, pendant lesquelles vous restez tranquillement assis dans votre bureau ou faites une promenade. Impliquez-vous dans ces pauses comme vous le feriez pour une réunion ou un rendez-vous ; si vous ne prévoyez pas de moments de calme, autre chose comblera ces instants. Prenez le temps de réfléchir à votre liste de tâches, en particulier celles que vous devriez arrêter de faire. L'isolement vous offre l'occasion de réfléchir à quoi votre temps est mieux dépensé. Essayez de déterminer les réunions auxquelles vous devriez cesser d'assister, les comités dont vous devriez vous retirer et les invitations que vous devriez poliment décliner.

22

Prenez soin de votre corps et de votre esprit

Accéder pour la première fois à un poste de direction peut être l'un des moments les plus stressants d'une carrière. Pour bien vivre cette transition, commencez par changer d'état d'esprit. Concentrez-vous sur ce qui vous enthousiasme à propos de ce changement, pas sur ce qui vous effraie. Cela vous aidera à vous détendre et à moins douter de vous. Des exercices de pleine conscience, comme la méditation ou la respiration contrôlée, développeront votre capacité à rester calme et posé dans des situations stressantes, telles qu'une réunion conflictuelle ou la prise d'une décision majeure. Enfin, vous ne réussirez que si vous prenez soin de votre santé globale. Vous manquez peut-être de temps, mais ne remettez pas à plus tard votre bilan de santé annuel ou un rendez-vous avec un thérapeute si vous rencontrez des soucis psychologiques. Un sommeil réparateur, une activité physique régulière, une alimentation équilibrée et une bonne santé mentale sont particulièrement importants au moment de la prise de nouvelles fonctions.

23

Cessez de consulter constamment votre téléphone

Il peut être difficile de se concentrer quand notre téléphone sonne de façon incessante. Il existe des moyens simples de réduire ces distractions. Désactivez les notifications. Si cela ne suffit pas, passez en mode avion pour limiter les interruptions lorsque vous essayez de vous concentrer. Si être déconnecté vous angoisse, créez des exceptions pour des numéros précis, tels que ceux de vos proches ou de collègues importants. Consultez les e-mails, les messages instantanés, les réseaux sociaux et les SMS par lot, plutôt que sporadiquement tout au long de la journée. Jeter un coup d'œil rapide à quelque chose, même pendant un dixième de seconde, peut provoquer d'importantes pertes de productivité ; il peut falloir en moyenne vingt-trois minutes pour se reconcentrer après un changement de tâche. Ce n'est pas grave si vous ne répondez pas immédiatement. En plus de jouir d'une concentration ininterrompue plus longue, remettre à plus tard peut déboucher sur une meilleure décision, car vous aurez eu davantage de temps pour y réfléchir.

24

Exercez vos compétences de négociateur

Que vous souhaitiez un meilleur salaire, un statut plus élevé, une visibilité accrue, des ressources supplémentaires ou davantage de temps libre, vous ne l'obtiendrez probablement pas sans le demander à votre supérieur. Formulez votre requête à l'aide d'expressions qui impliquent un gain pour les deux parties : par exemple, « Comment pouvons-nous y gagner tous les deux ? » Ensuite, répondez avec des « et si ? ». Ainsi, si votre supérieur vous rétorque que vous avez besoin de plus d'expérience pour pouvoir évoluer, vous pouvez lui répondre avec une stratégie précise : « Et si je prenais la direction de notre stratégie de communication avec l'équipe commerciale ? » Même si vous obtenez un non dans un premier temps, vous pourrez toujours quitter la négociation avec une petite victoire qui peut vous mettre sur la voie d'un oui final.

25

Sortez d'une ornière créative

La créativité peut s'estomper en cas d'ennui ou de démotivation. Pour relancer votre créativité, modifiez vos habitudes. Tous les mois, essayez quelque chose de nouveau. Rencontrez de nouvelles personnes au travail. Entretenez-vous avec de nouveaux clients. Recherchez les points de recoupement entre les missions de votre service et celles d'un autre. Proposez-vous pour une activité transverse.

En outre, étudiez les obstacles comme les opportunités de recherche et d'analyse (Pourquoi est-ce là ? À qui cela sert-il ? Quels sont ses effets ? Quelles sont les autres façons d'obtenir les résultats qu'on souhaite ?). Commencez par sélectionner les obstacles que vous pouvez modifier et servez-vous-en comme point de départ. Trouvez des moyens de partager ce que vous savez avec les autres : écrivez un article, dirigez une session de formation ou soyez le mentor d'un jeune talent.

26

Facilitez l'acceptation d'une décision difficile

Lorsque vous êtes confronté à un choix délicat, considérez ces deux paramètres qui compliquent la décision : l'*incertitude* de l'issue et la *complexité des valeurs* (tout choix a un impact négatif sur quelqu'un). Pour réduire l'incertitude d'une décision, évaluez d'abord le coût de ne pas agir, puis réfléchissez attentivement à vos options. Avez-vous imaginé des scénarios qui vous empêchent d'agir? Avez-vous la possibilité de tester vos solutions à petite échelle et de façon peu risquée? Pour gérer la complexité des valeurs, demandez-vous comment vous pouvez aider les gens à comprendre votre décision une fois celle-ci prise. Lorsque votre décision implique des compromis qui impacteront les autres, soyez aussi clair que possible au sujet de vos intentions.

27

Bloquez des créneaux sur votre emploi du temps

Vous ne pouvez pas effectuer un travail créatif approfondi lorsque les réunions vous perturbent constamment et nuisent à votre productivité. Afin d'avoir du temps et de l'espace pour vous concentrer, définissez un jour par semaine où rien ne peut vous interrompre : pas de SMS, pas d'e-mails, pas d'appels téléphoniques et absolument aucune réunion. Bloquez cette journée sur votre agenda et informez vos collègues que vous serez injoignable, car vous travaillez sur des projets de première importance. Une urgence peut se présenter, mais faites en sorte que votre journée ne s'en trouve pas compromise. Tenez-vous-en à une règle simple : vous pouvez déplacer votre « journée d'injoignabilité » (ce peut être le mercredi une semaine et le jeudi la semaine suivante), mais vous ne pouvez pas la supprimer de votre agenda, ni la reporter à la semaine suivante. Au fur et à mesure que vous vous habituerez à cette routine, ce sera plus facile pour vous et les personnes qui vous entourent de respecter ces créneaux.

28

Ayez la situation en main pour éviter le surmenage

Nombreuses sont les raisons pour lesquelles les gens se sentent surmenés au travail : liste de tâches trop chargée, missions qui semblent dénuées de sens, manque de lien avec les collègues… L'un des principaux facteurs du burn-out est le sentiment de ne pas avoir la situation en main.
Si vous n'avez pas d'autonomie dans votre travail ou de voix au chapitre des décisions qui ont un impact sur votre vie professionnelle, cela peut nuire à votre bien-être. Lorsque vous avez l'impression de ne rien maîtriser, prenez du recul et interrogez-vous sur les raisons de cette situation. Votre supérieur vous contacte-t-il à toute heure de la journée et, de ce fait, vous êtes toujours « en service » ? Les priorités de l'équipe évoluent-elles constamment, aussi vous ne pouvez jamais anticiper ? Une fois que vous aurez déterminé les raisons de cette situation, demandez-vous comment vous pouvez y remédier. Peut-être pourriez-vous mieux établir de limites avec votre

supérieur ou inviter l'équipe à définir des priorités constantes. Avoir le contrôle, même dans quelques domaines, peut vous aider à repousser le burn-out.

29

Fixez des échéances pour vos projets

Comment vous motiver lorsqu'un projet n'a pas de date butoir ? Tâchez d'en définir une. Choisissez une date à laquelle vous voulez que le travail soit terminé, ou allouez un peu de temps à ce projet chaque jour ou chaque semaine. Responsabilisez vos collaborateurs en instaurant une pression positive entre eux. Informez un collègue de votre date butoir (même si c'est vous qui l'avez définie) et tenez-le régulièrement au courant des avancées. Pour accroître la motivation, encouragez-vous. Par exemple, après avoir passé une matinée sur le projet en question, vous pourriez vous offrir un bon déjeuner. Ou allez travailler dans votre café préféré, à condition de finaliser une étape du projet. Si ces motivations ne sont pas assez efficaces, essayez les pénalités. Par exemple, si vous ne terminez pas la tâche comme prévu, vous ne pourrez pas écouter votre podcast favori ou regarder votre émission de télévision préférée ce soir.

30

Ne laissez pas votre liste de tâches vous distraire de votre rôle de manager

Si vous rencontrez des difficultés à équilibrer votre travail individuel et votre mission de manager d'équipe, redéfinissez vos priorités. Recherchez des leaders qui ont trouvé cet équilibre et demandez-leur comment ils y sont parvenus. Vous pouvez également solliciter leur avis sur vos efforts. À partir de leur feed-back, envisagez comment vous pourriez apporter à vos collaborateurs ce dont ils ont besoin, qu'il s'agisse d'échanges réguliers sur le développement de carrière, de prendre le temps de reconnaître les efforts d'un collègue ou de fermer votre ordinateur portable pour vous concentrer sur des entretiens individuels. Au cours des semaines à venir, prêtez attention quand vous sentez qu'une tâche ou une échéance détourne votre attention d'un N – 1. Pensez à vous focaliser sur les personnes que vous dirigez. Vous pourrez rapidement revenir à votre liste de tâches.

31

Gagnez en efficacité

De petits ajustements dans votre façon de travailler pourraient vous faire gagner des heures chaque semaine. Par exemple, avant de vous lancer avec empressement dans un nouveau projet, entretenez-vous avec les différents acteurs au sujet de leurs attentes, afin de déterminer les priorités. Peut-être désirent-ils un tableau de bord détaillé, ou bien les grandes lignes pourraient-elles suffire. Il est également utile de vous demander si vous pouvez exploiter des projets antérieurs pour celui-ci. Prenons l'exemple d'une présentation à préparer à destination de la direction. Pouvez-vous réemployer le langage de la proposition initiale ou vous appuyer sur d'autres outils pour l'étoffer ? Enfin, ayez recours au « *timeboxing* » pour vous organiser : fixez en amont une durée à consacrer à chaque tâche et tenez-vous-y. Même si vous ne terminez pas tout dans le temps imparti, la technique du *timeboxing* vous aidera à vous concentrer pendant de courtes périodes productives.

32

Appuyez-vous sur les habitudes pour garder les pieds sur terre

Lorsque votre vie est perturbée par un événement majeur (un changement d'emploi, une naissance, la maladie d'un proche…), comment entretenez-vous votre concentration et votre bien-être ? Apportez de la stabilité à une période instable en faisant correspondre vos habitudes à vos objectifs de long terme. Pensez à cinq à dix choses que vous devez accomplir chaque semaine pour ne pas vous éparpiller et dressez-en la liste. De nombreuses habitudes essentielles relèvent de l'un de ces quatre domaines : réflexion personnelle, réflexion professionnelle, relations et santé (à la fois physique et mentale). Vous devriez également vous interroger sur la manière de vous responsabiliser. Accrocherez-vous cette liste à un endroit où vous la verrez souvent ? Utiliserez-vous une application pour définir des rappels ? Ferez-vous le point avec un ami toutes les semaines ? Créer et renforcer des habitudes de cette façon peut vous aider à effectuer le nécessaire, peu importe le nombre de tâches avec lesquelles vous jonglez.

33

Fixez-vous des objectifs que vous désirez réellement atteindre

Il est peu probable que vous progressiez dans vos objectifs de développement professionnel s'ils constituent pour vous une corvée. Au lieu de vous focaliser sur ce que vous « devriez » faire, choisissez un ou deux domaines d'intérêt en accord avec ce qui compte réellement pour vous. Interrogez-vous :

- Si je pouvais atteindre un seul objectif majeur de développement professionnel cette année, lequel serait-ce ?
- Quand je pense à cet objectif, suis-je enthousiasmé à l'idée de travailler dessus et de le concrétiser ?
- Est-ce que je veux réaliser cet objectif parce qu'il est intéressant et important, ou parce que je pense que cela plairait aux autres ?

À partir de vos réponses, dressez une courte liste d'objectifs qui correspondent réellement à vos ambitions personnelles.

34

Restez concentré

L'accès constant aux données nuit à notre productivité. Nous commençons la journée en prenant nos téléphones et en nous perdant dans un flot de notifications et d'informations. Trois solutions s'offrent à vous pour gagner du temps et rester concentré et efficace au travail :

Démarrez la journée du bon pied. Lorsque vous vous réveillez, ne commencez pas par vérifier vos e-mails sur votre téléphone. Essayez un exercice simple de pleine conscience : respirez profondément, faites mentalement la liste de ce pour quoi vous êtes reconnaissant, ou méditez pendant vingt à trente minutes.

Organisez votre journée. Inspirez-vous des rythmes naturels de votre corps. Concentrez-vous sur des tâches complexes et créatives le matin. Calez vos réunions l'après-midi.

Faites de l'ordre. Un environnement de travail ordonné a pour conséquence un esprit moins encombré. Rangez tout dans un tiroir. Créez des dossiers sur le bureau de votre ordinateur dans lesquels classer vos fichiers. Sur votre téléphone, ne conservez qu'entre huit et douze applications sur votre écran d'accueil. Désactivez toutes les notifications inutiles.

35

Une technique si vous êtes constamment débordé

Il n'est pas surprenant que beaucoup d'entre nous se sentent débordés la plupart du temps. Si votre liste de tâches ne semble jamais se raccourcir, prenez du recul et optez pour une nouvelle approche. Certaines tâches vous stressent-elles plus que d'autres ? Si c'est le cas, commencez par vous concentrer sur ces points : terminez un projet majeur dès que possible, ou décomposez un objectif compliqué en étapes plus faciles à gérer. Vous devriez également vous demander si une tendance au perfectionnisme vous freine. Définissez quel serait un résultat « satisfaisant » et interrogez-vous franchement : passer plus de temps sur cet élément l'améliorera-t-il de manière significative ? (Si ce n'est pas le cas, prenez une inspiration et passez à autre chose.) Enfin, demandez-vous quelles tâches feraient un très bon usage de votre temps, puis déléguez celles qui ne répondent pas à ce critère. Réfléchir à votre façon d'exploiter votre temps peut vous aider à l'utiliser plus judicieusement.

36

Protégez votre temps libre

Pour certains emplois, la délimitation entre les moments d'« activité » et ceux de « repos » est très claire. Mais, lorsque vous exercez un poste où les limites sont floues – ou potentiellement inexistantes –, il est essentiel de protéger votre temps libre. Si vous avez l'impression que le travail occupe une majeure partie de vos journées, commencez par définir précisément ce que signifie pour vous « en dehors des heures de bureau ». Prenez en compte le nombre d'heures que vous êtes censé faire chaque semaine, ainsi que vos engagements personnels (par exemple, assister à un cours de sport que vous appréciez énormément). Quand devez-vous commencer à travailler et vous arrêter pour obtenir la durée de travail adéquate ?

Ensuite, déterminez dans votre tête les tâches qui doivent être accomplies et quand vous les réaliserez. Faites le suivi de vos tâches et planifiez-les. Assurez-vous en fin de journée de dresser un récapitulatif, afin de passer en revue tout ce que vous aviez à faire. Enfin, informez vos collègues de la façon dont (et si) vous souhaitez être contacté en dehors de votre travail. Protégez bien votre temps. Si vous ne le faites pas, vous ne bénéficierez pas de la pause mentale dont nous avons tous besoin.

37

Considérez certains week-ends comme des vacances

Le lundi matin, vous sentez-vous détendu ? Ou êtes-vous encore stressé par rapport à la semaine précédente ? D'après les spécialistes, une façon de rendre vos week-ends plus revigorants est de les considérer comme de courtes vacances. Amusez-vous simplement : faites la grasse matinée, effectuez moins de tâches ménagères, mangez un peu plus que d'habitude. Et trouvez des idées pour rendre les tâches courantes plus divertissantes : mettez une musique entraînante dans la voiture quand vous partez faire des courses ou préparez-vous un cocktail pour plier le linge… Ralentissez le rythme : prêtez attention à votre environnement, à votre activité et aux personnes autour de vous. Si vous vous concentrez sur l'instant présent, vous le savourerez davantage, ce qui vous donnera en outre l'impression d'échapper au train-train quotidien. Cependant, gardez ces « week-ends vacances » pour les périodes où vous en avez réellement besoin : selon les experts, ils perdent de leurs effets s'ils sont trop réguliers.

38

Consacrez du temps à vos loisirs

Lorsque nous ne trouvons pas de temps pour nos loisirs, notre vie professionnelle en pâtit. Pourquoi ? Premièrement, les loisirs stimulent notre créativité. Il est difficile de trouver de nouvelles idées au travail quand notre cerveau sature d'objectifs et de délais à respecter. Un passe-temps créatif permet de sortir de ce schéma en offrant une page blanche et un espace mental pour établir des liens. Deuxièmement, les loisirs permettent un regard nouveau. Un aspect de l'invention d'idées consiste à envisager la réaction des gens (par exemple, les clients). Si vous écrivez, peignez ou faites de la musique, vous avez probablement l'habitude de penser au ressenti que l'on pourra avoir face à votre œuvre. Adoptez également cette posture dans votre travail. Enfin, les loisirs renforcent la confiance en soi. Lorsqu'un projet difficile vous décourage, consacrer une heure à un loisir peut doper votre assurance et votre moral. Utilisez ce coup de boost pour aborder votre projet avec une détermination nouvelle.

39

Soyez un mentor attentif

Comment vous assurer que votre emploi du temps rempli de réunions et d'obligations n'entrave pas votre capacité à être un mentor vigilant ? Avant tout, soyez conscient qu'il vaut mieux un peu de temps avec votre mentoré que pas du tout. Si des réunions d'une heure ne sont pas possibles, essayez de bloquer trente ou même quinze minutes. Ces créneaux plus petits obligeront votre mentoré (et vous) à aller droit au but. Soyez pleinement présent et engagé lors de ces séances de mentorat. Que vous vous rencontriez en personne, par Skype ou échangiez par SMS, montrez à votre protégé que vous êtes tout à lui pendant les minutes à venir. Si vous êtes distrait par d'autres tâches ou votre prochaine réunion, recentrez-vous et rappelez-vous d'être dans l'instant présent.

40

Améliorez votre intelligence émotionnelle

Il n'est pas toujours évident de savoir comment améliorer nos compétences en intelligence émotionnelle, surtout parce que nous savons rarement comment les autres nous perçoivent. Pour déterminer les domaines où vous améliorer, commencez par faire un point : quelles sont les principales différences entre l'image que vous avez de vous et l'image que les autres ont de vous ? Vous pouvez obtenir ce type de réponses d'une évaluation à 360 degrés, d'un coach ou d'un manager compétent.

Ensuite, prenez en considération vos objectifs. Vous souhaitez à terme occuper un poste de direction ? Être un meilleur membre de l'équipe ? Évaluez vos ambitions par rapport aux compétences que vous devez améliorer au regard des autres.

Puis définissez les actions spécifiques à prendre afin de perfectionner ces compétences. Vous cherchez à savoir mieux écouter ? Vous pourriez décider que, lors d'un échange avec une personne, vous ne répondrez pas tant que vous n'aurez pas marqué une pause et vous ne vous serez pas assuré de votre bonne compréhension de ses propos. Quelle que soit la compétence que vous choisissez de peaufiner, profitez de la moindre occasion, même petite, pour vous exercer.

41

N'abusez pas de vos forces

La plupart des dirigeants possèdent des points forts qui les démarquent des autres. Mais ces atouts, lorsqu'ils sont surexploités, peuvent devenir un inconvénient. Par exemple, un sens aigu de la maîtrise de soi peut passer pour de la rigidité. Poussé à l'extrême, le courage peut se transformer en imprudence. L'honnêteté, si elle n'est pas tempérée, peut se muer en cruauté. Prenez le temps de réfléchir aux compétences sur lesquelles vous vous appuyez peut-être abusivement. Par exemple, pensez à l'un de vos points forts qui vous sert au travail et qui est admiré. Essayez ensuite de vous remémorer une situation où vous avez eu recours à cette qualité plus que de besoin. À certaines occasions, votre force est-elle devenue un handicap, où elle a provoqué plus de tort que de bien, voire a peut-être donné lieu à une issue non désirée ? Gardez à l'esprit que nous avons tendance à abuser de nos forces en cas de stress. Lorsque nous n'obtenons pas ce que nous voulons, notre réaction instinctive est de persister et signer avec une méthode qui s'est révélée efficace par le passé.

42

Sachez quelles compétences peuvent vous ouvrir une nouvelle carrière

L'un des aspects les plus difficiles du changement de carrière est de savoir sur quelles compétences vous pouvez vous reposer de manière nouvelle. De nombreux secteurs d'activité peuvent apprécier vos talents autant que votre secteur actuel. Voici comment identifier vos compétences clés transférables :

Inspirez-vous de personnes qui se sont réinventées. Consultez des individus qui ont exercé dans votre secteur avant de changer d'orientation. Discutez des compétences clés que vous pourriez négliger et envisagez comment vous pourriez les exploiter dans un autre domaine.

Sollicitez des points de vue extérieurs. Entretenez-vous avec un large panel de personnes extérieures à votre secteur d'activité. Interrogez-les sur vos compétences clés. Comment pourriez-vous les mettre en avant ? Quels postes ou entreprises moins évidents recherchent de telles compétences ? Quels sont les obstacles à l'obtention d'un tel emploi ?

Élaborez un message stratégique. Distillez vos objectifs et vos compétences dans un texte simple qui vous servira de guide. Par exemple : « Communiquer clairement, exécuter rapidement, penser créatif et agir avec bravoure ».

43

Définissez votre marque personnelle

Se forger une réputation d'expert peut ouvrir des promotions et de nouvelles missions, ainsi que des opportunités professionnelles. Vous n'avez pas besoin d'être dans l'immédiat un expert de renommée internationale. Vous pouvez aider d'autres personnes à rédiger de meilleures notes de service, même si vous n'êtes pas Shakespeare. Soyez clair à propos de ce que vous savez et de ce que vous ne savez pas. Être honnête et reconnaître que vous avez des connaissances mais qu'il vous en manque d'autres vous vaudra du respect. Assurez-vous en outre que votre entreprise comprend la valeur de votre marque publique. En particulier si votre expertise ne fait pas partie de vos principales responsabilités, montrez à votre supérieur en quoi votre profil plus visible peut bénéficier à l'entreprise. Renforcez stratégiquement ce pour quoi vous êtes connu. Mettez l'accent sur la gamme complète de vos talents, afin que votre nouvelle expertise ne vous catalogue pas.

44

Ne sous-évaluez plus votre travail d'indépendant

La surfacturation de votre travail peut effrayer les clients. Mais des prix bas peuvent être le signe d'une piètre qualité, ce qui fait hésiter les clients à solliciter vos services. Pour vous assurer que vous ne vous dépréciez pas, demandez à des collègues de confiance de vous renseigner avec sincérité sur les tarifs en vigueur. Une fois que vous savez quel devrait être votre prix, entraînez-vous à le dire à voix haute. Établir un devis à un client peut être stressant, en particulier en cas d'augmentation, mais entraînez-vous pour gagner en assurance. Confrontez ensuite votre nouveau tarif à la demande du marché et ajustez-vous en conséquence. Augmentez votre prix régulièrement et progressivement jusqu'à ce que vous estimiez gagner ce que vous méritez. Si vous demandez un tarif qui freine vos clients, envisagez de le bloquer ou de le réduire jusqu'à ce que vous vous soyez constitué d'autres sources de revenus ou ayez accru votre réputation. Demander ce que vous méritez vous apporte non seulement plus d'argent, mais aussi de respect.

45

Sur les réseaux sociaux, soyez poli et allez droit au but

Les réseaux sociaux sont un outil efficace pour développer votre réseau, mais entrer en contact avec des inconnus peut être difficile. Vous aurez de plus grandes chances de réussite si vous privilégiez les personnes avec un niveau de carrière similaire au vôtre. Vos homologues sont plus susceptibles de vous répondre que des personnes très haut placées. Ce réseau pourra par la suite vous ouvrir de nouvelles opportunités. Assurez-vous que votre premier message est bref et personnel ; envisagez-le comme une lettre manuscrite. Pensez aux trois idées que vous voulez transmettre et laissez votre voix naturelle s'exprimer. Si la personne en question et vous partagez un point commun, tel qu'un centre d'intérêt ou une connaissance, mentionnez-le. C'est aussi une bonne idée (et plus correct) d'indiquer clairement vos intentions. Si vous êtes en quête de conseils, par exemple, vous pourriez dire : « Je suis confronté à un problème professionnel pour lequel j'aimerais connaître votre avis. »

46

Ne vous laissez pas décourager par une longue recherche d'emploi

Commencez par admettre que vous connaîtrez inéluctablement des hauts et des bas, et que les longues attentes et les émotions qui en découlent sont normales. Des activités comme la méditation en pleine conscience et la tenue d'un journal peuvent vous aider à considérer vos ressentis de manière positive. Vous pouvez également faire appel au soutien d'un coach, d'un thérapeute ou d'un groupe de travail. Si vous êtes sans emploi, assurez-vous de pratiquer des activités qui vous stimulent, comme faire du sport ou déjeuner avec un ami. Et ne prenez pas les retards pour un affront personnel. Si une connaissance ne vous a pas mis en contact comme promis avec quelqu'un, relancez-la gentiment, mais pensez aussi à ses autres priorités. Il y a de fortes chances que cette personne désire vous aider, mais qu'elle est tout simplement occupée.

47

Corrigez votre erreur commise lors d'un entretien d'embauche

Les entretiens d'embauche sont stressants. Même quand on s'est abondamment exercé et qu'on a préparé ses réponses, la pression peut amener à mal s'exprimer, à répondre de manière incomplète à une question ou à omettre une information essentielle. Vous ne pouvez pas demander une seconde chance, mais vous pouvez tenter de corriger votre erreur. Si vous êtes toujours en entretien, vous pourriez dire poliment : « Je viens de me rendre compte que je n'ai pas parlé de… » ou « Je ne pense pas avoir pleinement répondu à votre question. J'aimerais ajouter… » Si vous vous rendez compte de votre erreur ou oubli après l'entretien, vous pouvez envoyer un e-mail de remerciement en indiquant : « Je souhaite ajouter/clarifier/revenir sur ce que j'ai dit à propos de… » Vous n'aurez plus à vous préoccuper de votre bévue. Vous saurez que vous avez fait de votre mieux ; la décision est désormais entre les mains du recruteur.

48

Fraîchement en poste, restez concentré

Les premiers mois à un nouveau poste ont un impact majeur sur la réussite. Beaucoup de gens rencontrent des difficultés au début pour savoir sur quoi concentrer leur énergie. Aussi, aidez-vous des trois questions suivantes :

Comment créer de la valeur ? Sachez ce que l'on attend de vous, quand et comment vos progrès seront évalués. Tenez compte des intérêts de toutes les parties prenantes (et pas seulement de votre supérieur) et gardez à l'esprit que ceux-ci peuvent évoluer au fil du temps.

Quel soutien vous est essentiel ? Votre entreprise a un paysage politique : apprenez à le connaître. Découvrez qui possède le pouvoir et l'influence, puis nouez des alliances avec ces personnes. Si vous les aidez à atteindre leurs objectifs, elles pourraient vous rendre la pareille.

De quelles compétences ai-je besoin ? Les capacités qui vous ont valu de décrocher votre poste ne sont peut-être plus d'actualité aujourd'hui. Plus tôt vous comprendrez quelles compétences vous devez acquérir et développer, mieux ce sera.

49

Montrez les bénéfices pour l'entreprise d'un nouvel intitulé de poste

Si vous occupez votre poste depuis quelques années, vous avez probablement vu vos responsabilités s'élargir. Mais, si l'intitulé de votre poste n'a pas changé, parlez-en à votre supérieur. Avant de demander un changement de titre, interrogez-vous : « Qu'est-ce qui aiderait mon responsable à dire oui ? » Réfléchissez bien aux raisons qui motiveraient votre nouveau titre (peut-être venez-vous de conclure un gros contrat pour votre entreprise ou avez-vous mené un projet important) et en quoi cela vous permettrait d'être plus efficace dans votre travail. Cela vous conférera-t-il plus de crédibilité auprès de vos collègues ? renforcera vos relations avec les clients ? vous accordera une plus grande autorité pour prendre des décisions ? Demandez-vous ce qui préoccupe le plus votre responsable et ce qui lui tient à cœur, et servez-vous de ces éléments dans votre argumentation. Votre manager risque davantage d'accepter si le changement est profitable pour vous et pour l'entreprise.

50

Après une promotion, prenez en main votre nouveau rôle

Grimper les échelons se traduit souvent par de plus grandes récompenses, davantage de responsabilités et des enjeux plus élevés. Mais la transition vers un rôle plus important peut être difficile. En règle générale, plus le poste est élevé, moins le processus d'intégration est structuré, ce qui peut vous désorienter. La solution est d'en assumer la responsabilité vous-même. Vous pouvez demander de l'aide ou accepter du soutien, mais vous devriez vous mettre à niveau de façon la plus autonome possible. Commencez par répondre à ces questions :

- Que dois-je faire la première semaine ? Les trente premiers jours ? Le premier trimestre ?
- Qui dois-je rencontrer et quelle est la meilleure façon d'entrer en relation avec ces personnes ?
- Qu'est-ce que je ne sais pas et que je suis censé savoir ?
- Si je me retrouve en difficulté, comment vais-je demander de l'aide ou des conseils ?

51

Soyez votre propre défenseur

Un bon manager peut orienter votre carrière, mais il peut aussi vous laisser patauger s'il ne vous soutient pas. Si vous peinez à obtenir l'aide dont vous avez besoin pour évoluer, prenez votre carrière en main. La création d'un groupe de mentors est un bon point de départ. Constituez une équipe de personnes pour vous soutenir, tant à l'intérieur qu'à l'extérieur de votre entreprise, mais aussi issues de postes et niveaux différents. Recherchez des personnes dont la carrière est plus avancée que la vôtre et dont vous admirez le style ou les accomplissements. Vous devriez également chercher à vous rendre visible aux yeux des principaux acteurs de l'entreprise (par exemple, votre N + 2). Portez-vous volontaire pour travailler sur des projets transverses sur lesquels les hauts dirigeants auront un œil. En outre, gardez à l'esprit que développer votre réputation en dehors de l'entreprise permet souvent de gagner en visibilité en son sein. Vous pouvez décider de rejoindre une association propre à votre secteur et chercher à y occuper un poste de dirigeant, par exemple, ou encore utiliser les réseaux sociaux afin d'échanger avec les meilleurs experts de votre domaine.

52

Demandez une augmentation en temps opportun

La plupart des gens demandent une augmentation au moment de leur entretien annuel, lorsque leur supérieur est soumis à la pression liée à ces évaluations. Au lieu de cela, faites coïncider votre requête avec l'évolution de vos missions. Vous devriez solliciter une augmentation juste avant d'endosser de nouvelles responsabilités ou juste après avoir mené à bien un projet. Si vous venez d'apporter de la valeur à votre entreprise, c'est le moment idéal pour dire « Pouvons-nous partager cette valeur ? » Si vous avez rassemblé des arguments qui mettent en évidence votre contribution et que vous avez un chiffre raisonnable en tête, vous avez plus de chances d'obtenir ce que vous voulez. Assurez-vous simplement d'être orienté vers l'avenir, pas le passé. Mettez en avant vos contributions ; toutefois, vous devriez vous tourner vers les projets que vous espérez gérer par la suite. Si votre patron ne semble pas réceptif, suggérez de réexaminer la question d'ici quelques mois et de fixer une date sur son agenda.

53

Préparez-vous aux conversations difficiles

Les conversations difficiles ne sont jamais une partie de plaisir, mais s'y préparer peut garantir leur productivité. Commencez par identifier vos motivations. Que voulez-vous qu'il ressorte de l'échange – pour vous, pour votre interlocuteur et pour tout autre partie impliquée ? Si vous connaissez vos objectifs, vous pourrez faire en sorte que la réunion ne dévie pas si les esprits s'échauffent.

Ensuite, réunissez des faits pour étayer votre position. Si, par exemple, vous vous apprêtez à demander une augmentation, rédigez des notes sur l'évolution que vous avez connue à votre poste. Si vous devez faire un retour négatif à quelqu'un, donnez-lui un exemple de son travail et de son comportement. Soyez prêt à défendre votre point de vue et à expliquer comment vous êtes parvenu à cette conclusion.

Par ailleurs, réfléchissez à tout ce que vous vous dites au sujet de votre interlocuteur. Considérez-vous votre supérieur comme « l'ennemi » parce qu'il peut accepter ou refuser votre demande d'augmentation ?

Réfléchissez à ce dont votre manager se souciera dans la conversation et servez-vous-en pour préparer vos réponses à ses préoccupations.

54

Gardez votre calme pendant une conversation compliquée

Une conversation tendue suscite beaucoup d'émotions négatives, ce qui peut vous donner l'impression d'être un volcan en éruption. Pour éviter de vous emporter et maîtriser vos émotions, ancrez-vous physiquement dans votre environnement. L'une des meilleures techniques consiste à se lever et à marcher, ce qui active la zone pensante de votre cerveau. Si votre interlocuteur et vous êtes assis à une table et que vous lever soudainement peut sembler gênant, vous pourriez dire : « J'ai besoin de m'étirer. Cela ne vous ennuie pas que je fasse quelques pas ? » Si cela ne vous convient pas, vous pouvez faire de petits gestes, comme croiser deux doigts ou placer vos pieds fermement sur le sol, et prêtez attention à ce que vous ressentez. Les spécialistes de la pleine conscience qualifient ces actions d'« ancrage ». Toute action vous permettant de vous focaliser sur votre présence physique et vos sens vous aidera à garder les pieds sur terre et à surmonter cette conversation difficile.

55

Répétez vos présentations

Avant une présentation capitale, la meilleure chose que vous puissiez faire est de vous entraîner – beaucoup. Il n'est pas utile de mémoriser chaque ligne (cela vous fera manquer de naturel). Votre objectif doit être de vous exprimer avec assurance tout en laissant place à la spontanéité. Consacrez plus de temps au début et à la fin de votre exposé, dont vos première et dernière diapositives. L'introduction prépare le terrain pour votre message et donne à votre public une raison de vous prêter attention. De votre conclusion dépendent les idées avec lesquelles les gens repartiront. Si vous réussissez ces deux parties de votre présentation, vous vous en sortirez sans doute bien. Vous devez également vous exercer à plusieurs reprises pour les parties au contenu complexe ou technique. Pendant que vous répétez, enregistrez-vous sur votre téléphone ; passez-vous la vidéo en veillant aux habitudes qui détournent l'attention (gigoter, ne pas regarder dans les yeux…) et aux moments où vous ne paraissez pas sûr de vous. Répétez ces parties à plusieurs reprises.

56

Faites une présentation convaincante

Quand vous avez besoin de vendre une idée au travail ou dans une présentation, comment procédez-vous ? Cinq outils rhétoriques peuvent vous y aider. Aristote les a identifiés il y a deux mille ans, et les spécialistes de la persuasion les utilisent encore :

L'éthos. Commencez votre discours en asseyant votre crédibilité et votre caractère. Montrez à votre public que vous êtes engagé pour le bien-être des autres et vous gagnerez sa confiance.

Le logos. Appuyez votre argumentaire sur des données, des preuves et des faits.

Le pathos. Un orateur donne envie aux gens d'agir grâce aux sentiments qu'il fait naître chez eux. Intégrez votre grande idée dans une histoire plus large qui provoquera une réaction émotionnelle.

La métaphore. Comparer votre idée à un élément familier pour votre public clarifie votre propos et rend l'abstrait concret.

La concision. Expliquez votre idée avec le moins de mots possible. Les gens ont une capacité d'attention limitée, aussi commencez par évoquer vos points forts.

57

Créez un lien avec votre public malgré la distance

Les bons orateurs savent créer un lien avec leur public, ce qui est réellement difficile dans un contexte virtuel. Pour commencer, vous devez adopter une personnalité investie et active. Établissez un contact visuel avec vos interlocuteurs en regardant directement la caméra le plus souvent possible. Ce point peut être difficile à retenir, surtout si vous devez fixer un autre point de votre écran pour voir les participants. Pour ce faire, configurez votre écran de sorte que la fenêtre avec votre public soit proche de votre webcam. De cette façon, vous pouvez simultanément établir un contact visuel avec eux et jauger leur réaction. Prêtez attention à l'angle de la caméra afin que votre visage soit à un niveau adéquat pour qu'on puisse vous voir. N'oubliez pas de montrer un sourire chaleureux et engageant ; riez de temps en temps et maintenez un ton amical et avenant.

Lors de réunions informelles, vous pouvez créer un lien en tournant la caméra vers votre chien couché à vos pieds. Dans des contextes plus formels, vous pouvez commencer la réunion par une anecdote personnelle ou demander aux participants de décrire le lieu où ils se trouvent afin d'instaurer une certaine convivialité.

58

Organisez une réunion efficace en cochant toutes les bases

Nombreuses sont les réunions qui constituent une perte de temps. Elles s'écartent du sujet, sont mal animées et beaucoup trop longues. Mais ce n'est pas compliqué d'améliorer vos réunions : veillez à bien maîtriser les bases. Lorsque vous planifiez une réunion, sachez avant tout pour quelle raison vous la programmez. Avoir un objectif précis en tête vous permettra de définir un ordre du jour pertinent.

Ensuite, décidez qui a réellement besoin d'être présent, en tenant compte des principaux décideurs, influenceurs et parties prenantes. Si certaines personnes doivent être informées mais n'ont pas besoin d'assister à la réunion, vous pouvez leur demander leur position en amont et les mettre au courant par la suite.

Ouvrez la réunion en annonçant clairement son objectif et en orientant les participants sur le sujet en question. En tant qu'animateur, votre rôle est d'impliquer les participants dans l'atteinte du résultat.

Une fois la réunion terminée, prenez quelques minutes pour réfléchir. Tout le monde a-t-il participé ? Les gens étaient-ils distraits ? Qu'est-ce qui a bien fonctionné et qu'est-ce qui n'a pas fonctionné ? Pour continuer à vous améliorer pour les fois suivantes, tirez parti de ces réflexions et demandez également un feed-back à d'autres personnes.

59

Faites entendre votre voix lors des réunions

Prendre la parole au cours d'une réunion peut augmenter votre visibilité au travail, mais ce n'est pas inné pour tout le monde. Si vous avez du mal à faire spontanément part de vos réflexions, vous pouvez préparer quelques commentaires ou questions, afin d'avoir des éléments sur lesquels vous appuyer. Interrogez-vous par ailleurs sur ce qui vous pousse à prendre la parole. Demandez-vous pourquoi vous vous souciez du sujet de la réunion et inspirez-vous de votre réponse lorsque vous rédigerez votre commentaire et vos questions. Pendant la réunion, quand vient votre tour, faites une pause et respirez. Cela peut asseoir votre voix et vous aider à vous exprimer avec clarté et autorité. Mais parler pour le plaisir de parler n'est pas toujours une bonne idée. Si vous prenez la parole pour vous vanter ou faire un commentaire qui serait plus adapté en tête à tête, mieux vaut peut-être vous taire.

60

Entourez-vous de personnes qui vous font grandir

Lors de la planification de nos carrières, nous choisissons soigneusement nos entreprises et nos emplois. Mais nous réfléchissons rarement aux conseillers et confidents dont nous entourer pour réussir. Entretenez un réseau de soutien pour votre carrière, en envisageant qui vous inspire, qu'il s'agisse de collègues, de hauts dirigeants ou d'homologues. Recherchez ces personnes et expliquez-leur franchement pourquoi vous les admirez et souhaitez être en lien avec elles. Établissez une relation qui vous sera mutuellement bénéfique. Au fur et à mesure que vous apprenez à vous connaître, n'ayez pas peur d'explorer les grandes questions de l'existence : que voulez-vous faire de votre vie ? Qu'est-ce qui vous motive ? Que faites-vous que vous n'aimez pas du tout faire ? Travaillez main dans la main pour devenir de meilleures personnes.

Gérer votre équipe

01

Adaptez votre style de leadership à la situation

Différentes situations de travail appellent différents styles de leadership ; toutefois, la plupart des managers suivent l'une des deux approches suivantes : la domination ou le prestige. Lorsque vous managez par la domination, vous influencez les autres en étant autoritaire et en tirant parti de votre pouvoir et de l'autorité inhérente à votre fonction. Cette méthode fonctionne mieux quand votre travail consiste à faire avancer tout le monde dans la même direction. En cas de stratégie définie pour le lancement d'un nouveau produit, par exemple, et lorsque la difficulté est de faire adopter cette vision par votre équipe, la domination est un moyen efficace d'instaurer un front unifié. Le prestige, en revanche, revient à influencer les autres en faisant preuve de sagesse et d'expertise et en se posant comme modèle. Cette méthode convient davantage quand vous essayez de responsabiliser les personnes sous vos ordres. Si, par exemple, une équipe marketing est chargée de créer une campagne publicitaire innovante, un leader prestigieux peut libérer les membres de l'équipe de leurs réserves et les inciter à sortir des sentiers battus.

02

Développez votre courage émotionnel

Commencez par penser à une compétence de leadership que vous souhaitez améliorer : donner des feed-back, écouter, être direct – quoi que ce soit que vous désirez développer. Ensuite, pratiquez cette compétence dans une situation à faible risque. Par exemple, disons que vous voulez améliorer votre franchise. La prochaine fois qu'il y a une erreur sur votre facture de téléphone, appelez le service client et entraînez-vous à être concis et clair. Notez la réaction que vous avez envie d'avoir : vous fâcher ? Faire marche arrière ? Et efforcez-vous de résister à ces impulsions. Vous aurez les mêmes réactions dans des situations professionnelles à plus haut risque, aussi apprenez à les contrôler. Continuez à vous entraîner jusqu'à ce que vous vous sentiez à l'aise et ayez la réaction que vous souhaitez.

03

Nul besoin de vous mettre à l'écart

Si vous êtes cadre supérieur, il y a de fortes chances que vous soyez déconnecté. Avoir sous vos ordres une équipe de responsables qui décident de ce que vous devriez ou ne devriez pas voir vous fait peut-être gagner du temps, mais la conséquence est aussi de vous isoler et de vous déconnecter du terrain. Ce qui est un problème sérieux. Si vous ne disposez pas d'informations de première main sur vos employés et vos clients, il est peu probable que vous preniez les meilleures décisions. Aussi, sortez de votre bulle. Passez du temps en première ligne (répondez aux appels du service client ou occupez-vous d'un client important), afin d'être directement en contact avec les employés et les personnes qui achètent vos produits. Envisagez d'instituer des réunions avec vos N – 2, 3, etc., afin de discuter avec vos équipes (sans la présence de leur manager) de la situation économique, des réactions des clients et des stratégies possibles. Dans tous les cas, encouragez les gens à remettre en question votre raisonnement plutôt que de dire ce que vous avez envie d'entendre.

04

Ne laissez pas vos idées écraser celles de votre équipe

Votre mission en tant que leader est d'instaurer un environnement sécurisant où vos collaborateurs se sentent libres d'émettre des idées sans craindre d'être jugés. Mais il peut être ardu de savoir comment apporter sa contribution sans étouffer les suggestions des autres. Devriez-vous intervenir pour présenter vos idées au cours des séances de brainstorming, ou prendre du recul et jouer le rôle de coach ? La clé est de trouver le bon équilibre. Les échéances et les objectifs de performance peuvent accroître la pression et vous pousser à imposer votre opinion, mais cela augmentera le doute au sein de votre équipe et perpétuera une image de leader omniscient. Aussi, ôtez votre casquette de leader et expliquez de manière convaincante à votre équipe de ne pas considérer vos idées différemment des leurs. Si vous remarquez que vos contributions brident leur participation, optez pour un rôle de coaching. Votre équipe ne sera pas créative si elle attend que vous lui disiez quoi faire.

05

Incitez votre équipe à la créativité

La pensée innovante est favorisée par la réunion d'un large panel de talents, de compétences et de traits de caractère. Si vous souhaitez renforcer le potentiel créatif de votre équipe, développez la diversité de ses compétences. Voici quelques conseils pour commencer :

Créez une expertise. Envoyez vos collaborateurs assister à des conférences ou organisez des formations pour les aider à acquérir de nouvelles compétences.

Allez sur le terrain. Visitez les locaux d'un client, voire d'un concurrent. Ou observez les bonnes pratiques dans un secteur que vous ne connaissez pas. Par exemple, une compagnie aérienne qui souhaite améliorer son service client pourrait se rendre dans une enseigne de vêtements réputée pour son excellence dans ce domaine.

Organisez des événements créatifs. Faites appel à des intervenants extérieurs pour donner des conférences ou mener des ateliers.

Recherchez des ressources supplémentaires.
Réunissez votre équipe pour regarder une conférence TED et échanger ensuite, ou formez un club de lecture pour discuter de livres et d'articles intéressants.

06

Gérez vos collaborateurs les plus créatifs

Certains responsables se demandent comment gérer les personnes créatives. Les chercheurs suggèrent que celles-ci peuvent avoir un type de personnalité différent. Cela ne signifie pas pour autant que vous devez les gérer de façon totalement différente ; un grand nombre de règles s'appliquent pareillement.

Assurez-vous que leur créativité est en accord avec leur mission, afin que vous puissiez exploiter pleinement leurs talents. Entourez-les de chefs de projet soucieux du détail qui s'occuperont de la mise en œuvre de leurs idées. Ne vous inquiétez pas si leur vision du travail ne ressemble nullement à la vôtre, tant qu'ils respectent les délais. Démontrez que votre entreprise valorise pleinement la créativité en récompensant les personnes qui proposent des innovations.

En outre, mettez la pression adéquate : trop peu entraînera un manque de motivation, et trop créera un stress qui entravera la créativité. Les entreprises qui offrent à leurs employés les plus talentueux des plans de développement personnalisés ainsi que des opportunités de mentorat, et qui promeuvent une culture de soutien et d'inclusion, bénéficieront d'une performance créative accrue.

07

Ne cachez pas vos faiblesses

Vous pourriez vouloir que vos collègues ne vous voient que sous votre meilleur jour, mais c'est une mauvaise méthode de management. D'une part, ce n'est pas viable. Nous sommes tous humains et commettons tous des erreurs. Tôt ou tard, vous aussi. D'autre part, diriger, c'est se lier aux autres. Les gens vous suivront, s'échineront et se sacrifieront pour vous s'ils se sentent en phase avec vous. Ce qui ne se produira pas si vous les laissez seulement voir ce qui, selon vous, les impressionnera. Aussi, n'ayez crainte de reconnaître les domaines où vous n'êtes pas parfait. Si cela peut vous aider, voyez les choses sous cet angle : vous n'êtes pas faible, vous avez des faiblesses. Nuance !

08

Suivez ces règles inspirées de grands leaders

Un excellent leader essaie de rendre le travail de ses collaborateurs significatif et agréable. Il y parvient mieux lorsqu'il suit quelques bonnes pratiques :

Managez des individus, et pas seulement des équipes. Quand vous êtes sous pression, vous pouvez oublier que vos collaborateurs ont des intérêts, des capacités, des objectifs et des styles d'apprentissage différents. Il est important de comprendre ce qui motive chaque personne, afin que vous puissiez personnaliser vos interactions.

Mettez l'accent sur le sens. Inspirez les gens avec une vision, fixez des objectifs ambitieux et exprimez un but clair. Ne vous reposez pas sur des motivations telles que des primes, des stock-options ou des augmentations.

Concentrez-vous sur les feed-back. Ayez des échanges en tête à tête réguliers (au moins une fois par semaine) pour coacher vos collaborateurs. Assurez-vous que vos retours sont clairs, honnêtes et constructifs.

Ne vous contentez pas de parler, écoutez. Présentez les problèmes et les difficultés, puis posez des questions pour impliquer toute l'équipe dans la recherche de solutions.

Soyez cohérent. Soyez ouvert aux nouvelles idées dans votre style de management, votre vision, vos attentes et vos retours. Si un changement devient nécessaire, admettez-le rapidement.

09

Exploitez les entretiens individuels

Les entretiens individuels semblent souvent précipités et désorganisés. Pour les améliorer, pensez à les structurer. Tout d'abord, programmez-les de sorte qu'ils soient des événements réguliers sur votre agenda. Et honorez ces créneaux. Ne les annulez pas : cela envoie le message à votre collaborateur que vous n'estimez pas son temps. Assurez-vous de fixer un ordre du jour. Avant la réunion, demandez à votre N – 1 un résumé de ce dont il aimerait parler. Vous devriez faire de même. Pendant la réunion, soyez présent. Éteignez votre téléphone ; désactivez les notifications. Commencez par complimenter votre collègue sur quelque chose qu'il fait bien. Ensuite, écoutez ses préoccupations et soumettez-lui un feedback et des idées sur la façon dont il pourrait résoudre ses problèmes. Terminez toujours par une marque de reconnaissance.

10

Le micromanagement entrave le développement de l'équipe

Il se peut que vous vouliez être tenu au courant, mais le micromanagement nuit au moral, instaure la méfiance et freine le développement de l'équipe. Voici des conseils afin de vous débarrasser de cette habitude :

Comprenez pourquoi vous agissez ainsi. Le micro-management naît souvent d'un manque de confiance en soi. Réfléchissez aux raisons pour lesquelles vous ne devriez pas micromanager.

Priorisez ce qui compte vraiment. Déterminez les tâches que vous devez réellement effectuer. Le rôle des leaders consiste à avoir une vision stratégique, pas de faire le travail de leur équipe à sa place.

Parlez à votre équipe. Définissez clairement quand vous voulez être informé de l'avancée de son travail, afin de soulager vos inquiétudes. Demandez à vos collaborateurs comment vous pouvez mieux les soutenir.

Prenez lentement du recul. Dites à vos collaborateurs que vous leur faites confiance pour prendre des décisions. Essayez de ne pas réagir de manière excessive lorsque les choses ne se passent pas exactement comme vous le souhaiteriez.

11

Reconnaissez votre échec

En tant que leader, admettre l'échec est essentiel. Beaucoup de gens considèrent les bévues comme quelque chose qui arrive à tout le monde. Cette réaction peut sembler inoffensive, néanmoins de nombreuses bonnes raisons justifient que vous devriez reconnaître votre erreur. En voici trois :

Pour créer un lien avec vos collaborateurs. Bien que la plupart des employés n'aient pas envie de discuter de leurs échecs, ils sont plus susceptibles de se rapprocher de dirigeants qui admettent les leurs. Même si l'échec en question n'est pas imputable à votre équipe, le simple fait d'en parler permet de créer un lien.

Pour en tirer les leçons. L'échec n'est positif que lorsque vous en tirez des enseignements importants et que vous effectuez les ajustements nécessaires. Sinon, vous n'apprendrez pas de points de vue extérieurs et vous êtes plus susceptible de rester dans le déni.

Pour tolérer les erreurs des autres. Les dirigeants admettent ouvertement que l'échec est inévitable pour permettre l'innovation, malgré cela, beaucoup se fâchent contre les collaborateurs qui échouent ou rencontrent des difficultés. Cette attitude a pour conséquence que le personnel se ferme, empêche toute expérimentation et annihile la créativité. Donnez l'exemple et montrez que ce n'est pas grave d'échouer.

12

Favorisez des habitudes saines

Votre mission consiste à soutenir votre équipe lors de périodes de travail intenses. La première étape revient à prendre soin de vous : mangez sain, faites de l'exercice, dormez suffisamment et trouvez un ami auprès duquel vous décharger en cas de besoin. Ces choses ne sont pas du luxe : un esprit et un corps sains vous aideront à bien diriger. Lorsque vous portez votre attention sur votre équipe, demandez-vous comment vous pouvez faire preuve de compassion, être source d'optimisme et donner le bon exemple. Montrez à vos collaborateurs que, quelle que soit la situation stressante, vous êtes tous dans le même bateau. Expliquez comment vous gérez votre stress et encouragez les membres de votre équipe à faire des pauses, à bien équilibrer leur travail et leur vie personnelle et à garder une bonne attitude envers les tâches quotidiennes et les échéances. Rappelez à vos collaborateurs pourquoi leur travail est important pour l'entreprise et les clients. Réaffirmer votre raison d'être est un bon moyen de lutter contre le burn-out.

13

Célébrez les moments clés

Depuis la nuit des temps, les gens organisent des cérémonies (baptêmes, bar-mitsvah, mariages…) pour marquer les changements et les tournants de vie. Les entreprises ont également des cérémonies, mais souvent axées sur des événements positifs : médailles du travail, promotions, signatures de contrat… Les reconnaissances de ce genre sont importantes et devraient perdurer ; cependant, les entreprises devraient envisager d'utiliser les célébrations pour surmonter les périodes compliquées. Ce peut être un outil formidable pour marquer les difficultés, reconnaître et honorer ceux qui se sont sacrifiés ou ont vécu des épreuves, et aider les gens à aller de l'avant. Vous pouvez ne pas organiser une fête après une réorganisation laborieuse, mais vous pouvez vous réunir en groupe et lire la description de votre mission à haute voix. Les expériences collectives peuvent renforcer les liens, les valeurs et la vision de votre groupe.

14

Poussez vos collaborateurs à ressentir le but de l'entreprise

Inculquer un but à vos employés ne se fait pas qu'avec des discours d'encouragement, de grandes envolées lyriques ou des ordres de mission. En réalité, si ces méthodes sont ampoulées ou peu sincères, elles peuvent être contre-productives, générant du cynisme plutôt que de l'implication. Pour inspirer et impliquer vos collaborateurs, gardez deux choses à l'esprit. Premièrement, le but est un sentiment. Vous pouvez dire à votre équipe que son travail est important, mais comment pouvez-vous l'aider à le ressentir directement ? Demandez-vous comment montrer aux gens l'impact de leur travail. Vous pourriez inviter un client à venir témoigner, ou envoyer une petite équipe sur le terrain pour découvrir par elle-même les besoins du client. Deuxièmement, l'authenticité est fondamentale. Si vos tentatives pour insuffler un but ne sont pas en accord avec vos actes passés, vos collaborateurs seront sans doute sceptiques et pourraient se sentir davantage manipulés que motivés. Faire de la poursuite d'un but une routine, plutôt qu'une initiative ponctuelle, montrera à vos employés le sérieux de votre intention.

15

Apprenez à résoudre les problèmes de façon innovante

Commencez par poser quelques questions à votre collaborateur : quel problème cherchez-vous à résoudre ? Qu'est-ce qui vous préoccupe ? Qu'est-ce qui contrarie les autres à ce sujet ? Votre objectif est d'amener la personne à s'interroger sur l'échec de ses efforts. Répétez-lui ses réponses. Une fois qu'elle a compris pourquoi son plan d'action ne fonctionne pas, demandez-lui quelle autre approche elle pourrait adopter, en fonction de sa connaissance du problème. Encouragez-la à réfléchir au type de solution approprié pour une telle difficulté. N'oubliez pas que votre rôle ici n'est pas de fournir des réponses, mais de clarifier les questions auxquelles votre collaborateur essaie de répondre, de le pousser à envisager de nouvelles perspectives et de l'aider à réfléchir sur les enseignements mis en évidence.

16

Déléguer, une occasion d'enseigner

Pour de nombreux managers, la partie la plus difficile de la délégation est d'être confiant dans le fait que la tâche sera menée à bien. Mais cela devient plus facile lorsque vous considérez la délégation comme une occasion de former votre personnel, et pas seulement de vous décharger d'une partie du travail. La prochaine fois que vous aurez besoin de déléguer une mission, commencez par déterminer qui dans votre équipe est prêt à assumer plus de responsabilités. Créez ensuite des tâches simples pour aider cette personne à acquérir les compétences nécessaires.

Si vous souhaitez qu'un collaborateur prenne en charge la gestion d'une réunion hebdomadaire, par exemple, demandez-lui de s'entraîner pour chaque étape du processus : une semaine, il peut définir l'ordre du jour, que vous superviserez. La semaine suivante, il peut vous observer diriger la réunion, avec de multiples occasions de poser des questions. Finalement, il sera prêt pour essayer d'organiser lui-même la réunion, après laquelle vous lui ferez un retour.

Ce type d'enseignement peut prendre beaucoup de temps, mais il sera très efficace pour préparer votre équipe à des tâches plus complexes.

17

Facilitez l'apprentissage en équipe

Les dirigeants veulent que les collaborateurs continuent d'apprendre et développent de nouvelles compétences, mais ce ne sera pas possible si vous ne leur apportez pas un soutien supplémentaire. Vous pouvez encourager vos employés à s'inscrire à une formation et à des cours, mais peu de gens auront le temps de s'engager pleinement, voire pas du tout, si leur charge de travail reste inchangée et qu'ils doivent étudier en dehors des heures de bureau. Pour favoriser l'apprentissage en équipe, donnez à vos collaborateurs des occasions de progresser. Confiez-leur des missions ambitieuses et plus d'autonomie. Veillez à ce que votre équipe ait accès à des ressources pour se former et progresser, matérielles comme humaines. Recourez au mentorat pour créer un lien entre de jeunes talents et des cadres chevronnés ; ils peuvent apprendre l'un de l'autre. Faites des points régulièrement pour leur faire un retour et évaluer les progrès à l'aide d'une évaluation à 360 degrés. Vous pouvez également favoriser le développement en offrant des récompenses, telles que des promotions et des actions.

18

Cassez la routine d'un collaborateur

Chaque poste contient une part de tâches fastidieuses. Si vous avez dans votre équipe quelqu'un qui estime faire plus que sa part, demandez-vous comment modifier ses responsabilités. Vous pourriez, par exemple, imposer une limite de temps pour une tâche peu séduisante (les données de la semaine précédente doivent être compilées et fournies avant le lundi, 16 heures). Attendez-vous à une certaine réticence, car votre collaborateur peut affirmer qu'il ne peut pas effectuer cette tâche en deux fois moins de temps. Mais demandez-lui au moins de faire une tentative ; une contrainte de temps peut transformer une tâche sans grand intérêt en un défi stimulant. Vous devriez également envisager de confier à cette personne de nouvelles missions. Lui attribuer des projets plus passionnants l'obligera à terminer plus rapidement ses tâches de moindre valeur. De plus, partagez le fardeau : si vos employés vous voient accomplir des tâches fastidieuses, ils seront moins susceptibles de s'en plaindre.

19

Saluez les réalisations de vos salariés

Les dirigeants doivent activement créer un lien avec leurs collaborateurs, et cela commence en exprimant leur reconnaissance :

Soulignez les contributions exceptionnelles des employés. Dans vos propos, mettez en évidence un point particulier : « J'apprécie que vous fassiez appel à des personnes d'autres services pour atteindre les objectifs de votre équipe. Vous créez du lien. »

Remerciez les gens personnellement et publiquement. Les interactions quotidiennes, de l'ascenseur jusqu'au parking, sont autant d'occasions de montrer que vous appréciez les efforts de vos collaborateurs. Un signe de reconnaissance public lors d'une réunion du personnel ou un « merci » attentionné dans un bulletin d'information ou un courrier électronique ont tout autant de valeur.

Demandez : « Qu'en pensez-vous ? » Offrez aux gens la possibilité de s'exprimer et d'être reconnus pour leurs idées. Demandez à vos collaborateurs : « Selon vous, comment pourrions-nous nous améliorer ? » et « Qu'est-ce qui nous bloque ? »

20

À ne pas dire en cas d'erreur d'un collaborateur

Les questions axées sur le passé, telles que « Où aviez-vous la tête ? », ne font que souligner l'erreur et mettent votre interlocuteur sur la défensive. Au lieu de cela, posez une question tournée vers l'avenir : « Comment ferez-vous les choses différemment la prochaine fois ? » Se focaliser sur l'avenir permet à la personne de reconnaître son erreur et de montrer qu'elle en a tiré les leçons. Cela prouve que vous avez confiance dans les capacités de la personne et vous offre la possibilité de faire ressortir un problème de logique. Les questions axées sur l'avenir ne sont pas faciles à poser à chaud, lorsque les émotions sont vives. Respirez profondément avant de prendre la parole et rappelez-vous que votre objectif est d'aider votre collaborateur à progresser, et non de le faire se sentir plus mal qu'il ne l'est déjà.

21

Endossez la responsabilité du surmenage de votre équipe

Aucun manager ne veut d'une équipe stressée. Bien que les employés aient une certaine responsabilité dans le contrôle de leur niveau de stress, les dirigeants ont un rôle essentiel dans la prévention et la résolution du surmenage. Commencez par vous montrer curieux. Demandez-vous : « Pourquoi mon personnel se porte aussi mal ? Comment puis-je l'aider à s'épanouir ? »

Ensuite, rassemblez des informations en interrogeant vos collaborateurs sur ce qui les motive ou les contrarie. Les employés n'ont peut-être pas de solution miracle, mais ils peuvent très certainement vous informer de ce qui ne fonctionne pas, et ce sont souvent des informations très utiles. Ensuite, questionnez votre équipe sur ce dont elle a besoin. Envisagez de petits changements, par exemple : « Si nous avions tant de budget et pouvions le dépenser pour acheter

X articles pour notre service, quelle serait la principale priorité ? » Demandez à votre équipe de voter de manière anonyme, puis exposez les résultats à tout le monde. Discutez de ce qui a été priorisé et pourquoi, puis travaillez sur la liste, en effectuant de petits essais et en évaluant ce qui fonctionne.

La bonne nouvelle, c'est que le surmenage est évitable, et ces expériences à faible risque et peu coûteuses vous apporteront des éclairages salutaires sur ce que vous devez changer dans votre environnement de travail.

22

Aidez vos collaborateurs à reprendre en douceur après un arrêt maladie

Lorsqu'un employé revient d'un arrêt maladie, il est de votre devoir de l'aider à reprendre son poste. Ce processus débute pendant l'arrêt : prenez à plusieurs occasions des nouvelles de la personne pour qu'elle ne se sente pas isolée de l'équipe. Quand elle est prête à revenir, définissez un plan de transition et réfléchissez aux détails précis. Par exemple, évoquez avec votre collaborateur comment il souhaite que son retour soit annoncé et les aménagements d'horaires nécessaires. Échelonnez le plan de transition, car la personne peut ne pas être prête à revenir dans l'immédiat à 100 % de ses capacités.

Par ailleurs, demandez-vous comment vous pouvez l'accueillir chaleureusement pour le premier jour de son retour. Une fois la personne revenue, prenez de ses nouvelles plus souvent que vous ne le feriez normalement pour vous assurer qu'elle se sent soutenue.

23

Encouragez vos collaborateurs à être eux-mêmes au travail

De nombreux employés minimisent leurs différences au travail pour éviter d'attirer l'attention ou de mettre les autres mal à l'aise. Si vous incitez les membres de votre équipe à être eux-mêmes, ils peuvent se concentrer sur le travail plutôt que de chercher à dissimuler des aspects de leur personnalité.

Optez pour un autre vocabulaire. Lorsque les entreprises parlent de « diversité », les gens décrochent. Introduisez le concept d'« occultation », qui consiste à dissimuler certains aspects de notre personnalité, afin de ne pas paraître différent. La plupart des gens le font à un moment donné de leur carrière. Cette façon d'aborder le sujet permet d'évoquer les différences sous un autre angle.

Racontez votre histoire. La plupart d'entre nous avons des expériences liées à l'occultation, que nous l'ayons nous-mêmes vécu ou en ayons été témoins chez un proche. Lancez le dialogue et faites savoir à vos collaborateurs qu'ils peuvent en faire de même.

Forcez la conversation. Établissez de véritables liens avec vos employés et exprimez-vous s'ils pensent que la culture d'entreprise encourage l'occultation.

24

Minimisez les préjugés dans vos recrutements

Les êtres humains sont programmés pour préférer les personnes qui leur ressemblent ; c'est l'une des raisons pour lesquelles les préjugés s'immiscent dans les décisions de recrutement. Des initiatives pro-diversité et des évaluations du processus d'embauche peuvent aider, mais, pour améliorer le recrutement de manière significative, chaque manager doit admettre ses préjugés et lutter contre.

La première étape est d'accepter que vous ayez des a priori. Demandez-vous pourquoi vous pourriez vous sentir attiré par certains candidats plus que d'autres, et quels préjugés ou préférences pourraient entrer en ligne de compte. Quels facteurs tels que l'origine ethnique, le sexe, l'éducation, le milieu socio-économique et même la taille peuvent vous influencer ? Ayez pour objectif de garder en tête lors de vos recrutements l'influence qu'ils peuvent avoir sur vous.

Ensuite, lorsque vous vous retrouvez à évaluer un candidat, continuez à vous questionner : « Quels préjugés pourraient survenir dans ma décision ? » Vous devez également vous faire votre propre opinion du candidat avant de comparer vos notes avec vos collègues, afin de ne pas être influencé par leur avis.

25

Facilitez la transition collègue/manager

Être promu à un poste de manager est stimulant, mais peut être gênant si votre nouvelle équipe est composée d'anciens collègues. Lorsque vous êtes promu au-dessus de personnes qui ont toujours été des amis (ou même des rivaux), la relation de pouvoir s'en trouve inéluctablement modifiée. Voici comment faciliter la transition :

Rencontrez chaque membre de votre équipe en tête à tête. Ces entretiens individuels vous permettent de personnaliser votre discours et d'être plus franc que dans le cadre d'un groupe. Discutez avec chaque personne de son travail et de la manière dont vous pouvez l'aider.

Organisez une réunion d'équipe. En exploitant quelques idées ressorties des entretiens individuels, abordez l'objectif de l'équipe, ce qui devrait changer et ce qui devrait rester inchangé. Expliquez comment vous aimez fonctionner et comment vous voulez que votre équipe travaille ensemble.

Traitez rapidement les remises en question de votre autorité. Si quelqu'un résiste à votre leadership ou agit dans votre dos, exprimez fermement votre mécontentement et demandez les raisons de cette contestation.

26

Allégez la charge de votre équipe

La surcharge de projets est réelle. Mais, en tant que leader, vous pouvez avoir du mal à juger si votre équipe a besoin de davantage de ressources ou si elle a besoin de méthodes de travail plus efficaces. Demandez à vos collaborateurs de déterminer leurs missions principales et le temps qu'ils y consacrent au cours d'une semaine type. À partir de ces informations, évaluez les charges de travail et les priorités. Quelles tâches votre équipe pourrait cesser d'effectuer et pour lesquelles le processus pourrait être repensé ? Prêtez une attention particulière aux projets de faible valeur qui doivent être menés à bien mais qui prennent un temps excessif. Existe-t-il des solutions afin de simplifier les flux de production et de réduire le temps qu'y passe votre équipe ? Par ailleurs, recherchez des tâches qui peuvent être effectuées plus rapidement. Si votre équipe est encore en difficulté après ces différentes mesures, il est peut-être temps de recruter du personnel.

27

Posez-vous en médiateur, et non en patron, pour résoudre les conflits

Deux membres de votre équipe ont eu un désaccord qui a dégénéré en une grosse dispute, et ils veulent à présent que vous la résolviez. Quelle est la meilleure façon pour vous d'intervenir ? Votre instinct peut vous dire de résoudre immédiatement le problème en prenant une décision d'autorité, mais ce sera plus intéressant pour votre équipe si vous intervenez en tant que médiateur. Demandez à vos collègues de s'engager dans un processus de médiation à vos côtés. Exposez votre souhait que tout le monde travaille main dans la main pour trouver une solution.

En outre, fixez la règle qu'ils doivent se focaliser sur la recherche d'un terrain d'entente, et non chercher à persuader l'autre de ses torts. Cette posture de médiateur permettra à vos collègues de résoudre le conflit par eux-mêmes, les rendra moins dépendants de vous pour régler les problèmes futurs et les engagera davantage dans la solution trouvée.

Pour la plupart des conflits dans le cadre professionnel, dicter une solution est moins productif à long terme que de montrer à vos collaborateurs comment discuter ensemble de leurs préoccupations.

28

Aidez un N – 1 à clarifier ses objectifs de carrière

En tant que manager, aider vos N – 1 à atteindre leurs objectifs de carrière fait partie de votre travail. Mais que faites-vous s'ils ne sont pas sûrs de ces objectifs ? D'abord, dites à votre collaborateur que ce n'est pas grave – et parfois même préférable – de ne pas avoir en tête un plan de carrière précis. Être trop attaché à un plan spécifique peut amener les personnes à passer à côté d'opportunités qu'ils n'avaient pas envisagées dans leur projet. Ensuite, posez des questions pour comprendre ce qui motive l'employé, comme « Quels problèmes vous stimulent ? » ou « Quelles tâches voulez-vous davantage/moins exécuter ? » À partir de là, encouragez vos collaborateurs à réfléchir aux compétences dont ils auront besoin à l'avenir, en vous concentrant sur celles qui sont transférables d'un poste à l'autre. Proposez-leur ensuite de faire de petits essais pour qu'ils découvrent ce qu'ils aiment faire et les domaines qu'ils ont besoin de développer.

29

Offrez un changement de décor à un collaborateur en milieu de carrière

La crise du milieu de carrière est un véritable phénomène. La satisfaction des gens atteint un creux à mi-parcours. En tant que manager, vous ne voulez pas perdre ces précieux employés simplement parce qu'ils connaissent un passage à vide. Pour les impliquer, pensez à leur proposer un changement de décor à l'aide du télétravail ou même d'une mutation. Le télétravail peut leur permettre de modifier leur vie personnelle sans nuire à leur progression professionnelle. Le transfert vers une autre succursale pourrait être bénéfique pour l'entreprise comme pour le collaborateur si cette succursale a besoin de ses compétences. Bien évidemment, un déménagement est un grand bouleversement personnel, aussi l'entreprise doit-elle être prête à soutenir la personne. En proposant ces solutions, vous pouvez aider un salarié expérimenté qui a encore des années devant lui à retrouver la flamme pour son travail.

30

Soutenez la santé mentale de votre équipe

Les problèmes de santé psychologique touchent un adulte sur quatre. Mais, lorsqu'un collègue ou un N – 1 vous confie un souci, vous aurez peut-être du mal à savoir comment bien réagir. Vous pouvez l'aider de plusieurs façons. Proposez une formation à vos collaborateurs pour apprendre à soutenir leurs collègues. Celle-ci peut enseigner à reconnaître les signes d'anxiété, de dépression et d'autres problèmes de santé mentale courants. La formation peut également fournir un environnement sécurisant pour les jeux de rôle afin que les employés s'exercent à différents scénarios. Vous pouvez aussi créer et partager une liste de ressources fiables et accessibles au public pour obtenir des informations et des conseils 24 h/24 et 7 J/7. Les gens s'inquiètent souvent de l'opprobre qui accompagne les problèmes de santé mentale, ainsi les outils utilisables de manière anonyme sont intéressants. En prenant ces mesures, vous pouvez offrir un autre soutien essentiel : vous montrez que les problèmes psychologiques ne sont pas à prendre à la légère, et que vous vous souciez des employés qui en connaissent.

31

Poussez votre équipe à plus d'innovation

Les entreprises les plus innovantes incitent leurs salariés à faire des expériences. Si vous souhaitez pousser votre équipe à prendre plus d'initiatives, commencez par inviter vos collaborateurs à faire part au travail de leurs intérêts extraprofessionnels. Interrogez-les sur leurs passions. Qu'aiment-ils faire le week-end ? De quoi sont-ils fiers en dehors du travail ? Les collaborateurs qui se sentent à l'aise pour exprimer pleinement et avec authenticité leur personnalité sont souvent plus susceptibles de proposer de nouvelles idées.

Instaurer une culture d'initiative nécessite également une approche du leadership plutôt non interventionniste. Ne soyez pas un micromanager. Au lieu de cela, montrez aux salariés que vous leur faites confiance pour que le travail soit accompli, même selon une méthode qui n'a encore jamais été employée. Lorsque les gens ont le sentiment de pouvoir s'approprier les projets, ils se sentent plus libres d'innover.

Enfin, soyez à l'aise avec l'échec. Vos collaborateurs ne prendront pas de risques s'ils craignent les conséquences en cas d'échec du projet. Mesurez la performance d'un salarié selon son degré d'ingéniosité, et non selon sa capacité à jouer la sécurité.

32

Posez plus de questions à vos collaborateurs

À mesure que vous grimpez les échelons dans une entreprise, de plus en plus de personnes se tournent vers vous pour obtenir des réponses. Cependant, les meilleurs leaders n'apportent pas toutes les solutions ; ils suscitent chez leurs salariés la curiosité, la créativité et une réflexion plus approfondie. Et le point de départ est de poser les bonnes questions. Encouragez vos collaborateurs à se poser et à expliquer ce qu'ils proposent plus en détail, en disant quelque chose de simple et direct, comme « Attendez, quoi ? » Vous pouvez également utiliser des phrases telles que « Je me demande pourquoi… » afin de stimuler une analyse de leur part. Enchaînez avec « Je me demande si les choses pourraient être faites différemment ». Une autre question à essayer : « En quoi puis-je vous aider ? » Elle oblige votre collaborateur à définir le problème, ce qui est la première étape vers l'appropriation et la résolution de celui-ci.

33

Basez vos feed-back sur des faits, et non sur un avis personnel

Lorsque vous faites un feed-back à un collègue, celui-ci devrait être utile. Mais, si vous ne faites pas le lien avec ce qui compte pour lui – et faites la part des choses avec vos croyances et préférences personnelles –, il ne pourra pas prendre les mesures nécessaires. Mettez l'accent sur des faits, pas sur des interprétations. Évitez les commentaires subjectifs : « Elle est égocentrique », « Il manque de confiance »… Même si vous pensez que le comportement d'un salarié découle d'un manque d'assurance, par exemple, ce n'est que votre avis ; ce peut être inexact. Soulignez plutôt des comportements concrets : « Il ne participe pas pendant les réunions », « Elle m'interrompt quand je parle ». En outre, assurez-vous que vos feed-back sont à la fois négatifs et positifs, ce qui permet de contrebalancer vos préjugés et préférences personnels. Pour qu'un collègue s'améliore, il doit savoir ce qu'il fait bien et les domaines dans lesquels il peut progresser.

34

Ne faites pas de feed-back quand ce n'est pas nécessaire

Le feed-back devrait être un aspect régulier du travail, mais tous les comportements ne justifient pas un retour. Par exemple, vous ne devriez pas faire de remarques correctives simplement parce qu'une personne a une méthode de travail différente de la vôtre, quand bien même cette situation vous stresse. Avant de donner votre avis, réfléchissez au résultat que vous voulez obtenir. Évitez de faire un feed-back quand :

- Vous ne possédez pas toutes les informations.
- Il s'agit de quelque chose que votre interlocuteur ne peut pas contrôler.
- La personne semble très émotive ou particulièrement vulnérable.
- Vous n'avez pas le temps de vous expliquer en détail.
- Vous vous fondez sur une préférence personnelle, et non sur la nécessité d'un comportement plus productif.
- Vous n'avez pas de solution à proposer pour que la personne puisse progresser.

35

Encouragez vos collaborateurs à partager leurs connaissances

Beaucoup d'entre nous taisons nos connaissances, de peur de perdre le pouvoir ou le statut que celles-ci nous confèrent selon nous. Mais des recherches récentes montrent que la rétention des informations se retourne souvent contre nous et peut avoir un impact négatif sur notre évolution et notre développement. Votre travail consiste à instaurer une culture dans laquelle vos collaborateurs se sentent à l'aise de partager des informations et de parler ouvertement de leurs préoccupations. Afin de comprendre pourquoi votre personnel retient des informations, vous pouvez avoir recours à des études anonymes réalisées par un tiers. Basez-vous sur cette analyse pour regagner leur confiance. De plus, assurez-vous que les personnes que vous dirigez saisissent les conséquences de la rétention de connaissances. Ceux qui conservent des informations pour se protéger peuvent ne pas se rendre compte qu'ils font en réalité le contraire. Par le biais de formations, newsletters, panneaux d'affichage et autres canaux de communication, aidez vos collaborateurs à comprendre pourquoi le partage des connaissances avec ses collègues est crucial.

36

Définissez des limites pour gérer le flot incessant d'e-mails

L'une des raisons pour lesquelles le courrier électronique est si difficile à gérer est qu'il est facile de l'envoyer. Nous pouvons remplir les boîtes de réception des uns et des autres en cliquant simplement sur un bouton ; c'est pourquoi il est important de fixer des règles concernant les e-mails. Essayez ces trois conseils :

Utilisez les réponses automatiques. Lorsque vous avez besoin de temps pour vous concentrer sur votre travail, votre réponse automatique peut indiquer à vos correspondants que vous n'êtes pas disponible et que vous les recontacterez à tel moment. Que vous répondiez dans un jour ou dans une semaine, précisez-le. (Et, pendant ce temps, autorisez-vous à ignorer les messages qui peuvent attendre.)

Fixez des lignes directrices à votre équipe. Expliquez à vos collaborateurs comment et quand vous préférez communiquer, et demandez également à vos collègues et clients quelles sont leurs préférences.

N'oubliez pas d'avoir cette discussion lorsque de nouvelles personnes intègrent votre équipe ou au lancement de nouveaux projets.

Donnez l'exemple. Si vous répondez aux e-mails tard le soir ou le week-end, vous envoyez le message à votre équipe de faire de même. Utilisez les fonctionnalités qui permettent de programmer l'envoi des e-mails. Mieux encore, éloignez-vous totalement de votre boîte de réception.

38

Laissez votre équipe s'exprimer lors des réunions

Lorsque les collaborateurs se sentent suffisamment en sécurité pour donner leur avis au cours de réunions, tout le monde en tire profit : les salariés peuvent être honnêtes et les managers ont l'occasion d'entendre le fond de la pensée des membres de leur équipe. Les dirigeants peuvent favoriser la franchise des échanges à l'aide de deux leviers.

Tout d'abord, mettez l'accent sur la « permission » : autorisez vos collaborateurs à dire ou demander tout ce qu'ils veulent. Parfois, lors des réunions, il est difficile de savoir qui est autorisé à dire quoi, ou quels sujets sont tabous. Abordez ces points avec votre équipe en amont. Demandez à votre équipe la permission de diriger la réunion (il peut s'agir d'interpeller les personnes qui ne se sont pas exprimées, d'empêcher la conversation de dériver ou de retenir les personnes si elles prennent trop la parole).

Deuxièmement, créez une sécurité psychologique. Tout le monde a déjà fait l'expérience de ne pas se sentir écouté ou respecté ; montrez à votre équipe que cela n'arrivera pas au cours de vos réunions. Demandez au groupe d'accorder son attention pleine et entière à la personne qui parle, de ne pas s'interrompre et de souligner la pertinence des contributions des uns et des autres.

39

Soyez attentif au poids de vos mots

Envisagez les répercussions que votre opinion peut avoir sur vos collaborateurs. Considérez vos commentaires, suggestions et questions comme des cailloux que vous jetez dans un ruisseau : chacun d'eux peut avoir un impact bien plus important que vous ne le pensez. Reconnaissez toujours le poids de vos mots et prenez la parole avec sagacité. Pendant les réunions avec votre équipe, ne pensez pas à voix haute et proposez vos idées à tout le monde. Assurez-vous de transmettre à votre équipe une vision claire et unifiée des projets et des stratégies ; si vous n'êtes pas prêt pour cela, ne dites rien pour le moment. Par ailleurs, ne demandez pas les dernières avancées si vous n'avez pas réellement besoin de les connaître. Précisez toujours les informations dont vous avez besoin, pourquoi et quand, afin de ne pas provoquer une panique inutile.

40

Faites de la gentillesse une norme dans votre équipe

Nous désirons tous travailler dans un milieu où les gens se considèrent avec respect et gentillesse. Mais vous ne pouvez pas vous attendre à ce que votre équipe se comporte de la sorte si vous ne le faites pas savoir clairement. Ce processus commence lorsque vous faites passer les entretiens à des candidats : dites-leur que votre équipe valorise la politesse, afin qu'ils aient le choix de travailler dans une entreprise où ces valeurs sont appréciées. Discutez avec vos collaborateurs de la signification de la politesse et définissez les normes que vous attendez de tout le monde au quotidien. Compilez ces normes dans un « code de politesse », auquel vos salariés peuvent se référer. Une fois les normes établies, renforcez-les de quelque manière que ce soit : lors de réunions d'équipe, pendant des événements importants, par le biais de récompenses. Ces conversations et ces efforts suscitent l'adhésion et permettent aux employés de se tenir mutuellement responsables du comportement courtois.

41

Ne résolvez pas les problèmes de vos collaborateurs à leur place

Si vos collaborateurs vous soumettent constamment des problèmes plutôt que de les résoudre par eux-mêmes, vous ne faites pas votre travail de manager. Laissez les problèmes remonter jusqu'à vous uniquement de façon réfléchie et occasionnelle. Veillez à ne pas intervenir quand vous ne devriez pas. Ne vous demandez pas « Comment résolvons-nous le problème ? » tant que vous n'avez pas envisagé cette question : « De qui relève ce problème ? » Équilibrez la nécessité de résoudre le problème en considérant comment vos actes influeront sur le comportement futur. Dans votre désir d'aider votre équipe, vous pourriez être tenté de faire plus que vous ne devriez. Si d'autres ont du mal à résoudre des problèmes qu'ils devraient légitimement s'approprier, demandez toujours : « Quel est le minimum que je peux faire ? » Définissez le niveau d'initiative le plus bas pour vous-même, tout en exigeant des membres de votre équipe d'agir à la hauteur de leurs compétences.

42

Donnez à vos employés le temps et l'espace de se concentrer

Entre la lecture des e-mails, les appels téléphoniques, les réunions ou les tâches administratives, il est souvent difficile de se consacrer pleinement à ses missions essentielles. Pour aider vos employés à se concentrer et à rester productifs, vous devez contrebalancer ces « distractions ». Tout d'abord, assurez-vous que le bureau dispose d'espaces où les salariés peuvent faire une coupure. Inutile d'installer des capsules de sommeil comme Google : vous pouvez aménager un coin avec des fauteuils confortables ou disposer de pièces où les gens peuvent fermer la porte et travailler. Ensuite, encouragez vos collaborateurs à se bloquer des créneaux « de concentration » sur leur agenda. Expliquez-leur qu'ils peuvent ignorer les e-mails ou Slack pendant quelques heures ; demandez-leur d'utiliser l'outil de réponse automatique pour informer les gens qu'ils ne sont pas disponibles (« Je coupe avec mes e-mails pour terminer ce projet. Je serai de retour dans une heure »). De plus, définissez des règles concernant le délai de réponse acceptable pour vos collaborateurs. Le temps qu'ils passent sur des e-mails urgents est autant de temps qu'ils ne consacrent pas à des tâches approfondies.

43

Équilibrez les styles de travail au sein de votre équipe

En tant que leader, il est important de comprendre votre façon de travailler et celle de vos collaborateurs. Les « priorisateurs » se focalisent sur les objectifs, les échéances et les faits. Les « planificateurs » s'intéressent à la réalisation et à la date de livraison du projet. Les « arrangeurs » veulent connaître les parties prenantes et les personnes à impliquer dans le projet. Les « visualiseurs » se demandent pourquoi le projet est important et à quoi ressemblera la fin de celui-ci. Ces quatre types de personnalité apportent une vision précieuse, et les entreprises ont besoin de chacune d'elles pour rester compétitives. En réalité, votre équipe n'aura probablement pas un équilibre entre les quatre styles, mais vous pouvez recruter de nouveaux membres ou faire appel à des experts externes pour combler les lacunes. Et, si votre équipe est fortement axée sur un ou deux styles, reconnaissez l'importance de trouver un équilibre. La diversité des façons de travailler garantit que les gens se concentreront à la fois sur la situation dans son ensemble et les détails.

44

Aidez votre équipe à prendre de meilleures décisions

Le jugement est un muscle que votre équipe peut exercer sous votre impulsion. Expliquez comment vous prenez des décisions importantes. Décrivez les critères et les acteurs que vous prenez en considération, ainsi que les risques et les compromis que vous estimez, afin de montrer à vos collaborateurs votre raisonnement, de les aider à cerner les priorités de l'entreprise et les facteurs à prendre en compte pour de futures décisions. Reconnaissez que des erreurs se produiront et que ce n'est pas grave. Laissez les membres de votre équipe prendre parfois eux-mêmes des décisions importantes ou difficiles. Souvenez-vous de vos erreurs qui vous ont aidé à progresser. Soyez curieux et non dédaigneux, lorsqu'un membre de votre équipe prend une mauvaise décision. Cherchez à comprendre son raisonnement et poussez sa réflexion pour la prochaine fois.

45

Vos collaborateurs les moins bons méritent également votre attention

Tout manager rêverait d'avoir une équipe de collaborateurs hors pair, mais ce n'est sans doute pas réaliste. Vous aurez presque toujours des différences de niveau au sein de votre équipe, aussi assurez-vous de ne pas ignorer vos moins bons collaborateurs. Ces salariés peuvent être désintéressés et dévoués et assumer un rôle important, mais souvent ils ne reçoivent pas l'attention qu'ils méritent.

Veillez à leur apporter suffisamment de soutien et de conseils, en vous renseignant sur leurs préoccupations, leurs préférences et leur façon de travailler. Réévaluez de temps en temps leur poste et leurs compétences pour vous assurer que leur fonction s'appuie sur leurs points forts. Et ne négligez pas les talents d'une personne uniquement parce qu'elle est calme ou réservée, ou parce qu'elle ne correspond pas à votre vision d'un leader. Certains ne sont pas à l'aise sous les projecteurs, mais s'épanouissent quand ils sont encouragés à mener à bien un projet ou à contribuer au bien de l'entreprise. Lorsqu'elles reçoivent la motivation et les encouragements nécessaires, ces personnes peuvent accomplir d'excellentes performances.

46

Menez vos collaborateurs de seconde catégorie vers des succès de premier ordre

Une équipe de joueurs de seconde catégorie est-elle capable d'un succès de toute première catégorie ? D'après les recherches, oui, mais seulement avec un leader de premier plan. En tant que leader efficace, vous pouvez adopter une diversité de styles, avec certaines caractéristiques : un jugement supérieur, qui vous aide à prendre de bonnes décisions et à apprendre de vos erreurs ; une intelligence émotionnelle élevée, qui vous aide à rester calme sous la pression et à nouer des relations avec vos équipes ; et une forte ambition, qui vous pousse à la haute performance. De plus, vous pouvez utiliser quatre stratégies pour augmenter l'efficacité de vos équipes :

- Ayez une vision forte qui motive votre équipe avec un plan d'attaque et des jalons.

- Analysez les données pour aider votre équipe à prendre de meilleures décisions.
- Faites des feed-back honnêtes sur les limites de vos collaborateurs et aidez-les à progresser.
- Enfin, soutenez le moral de votre équipe en favorisant la cohésion. Lorsque les gens se soucient les uns des autres, ils cherchent à améliorer leurs performances pour leurs collègues.

47

Intégrez trois types de personnalité dans votre nouveau projet majeur

Lorsque vous choisissez des collaborateurs pour un projet crucial, vous voulez une équipe de champions. Mais ce n'est pas suffisant de nommer vos salariés les plus performants. Trois types de personnalité devraient faire partie de l'équipe de tout projet capital. Tout d'abord, recherchez des employés que l'incertitude ne perturbe pas. Vous avez besoin de personnes qui resteront curieuses et concentrées, même quand le projet est encore loin de l'objectif final. Deuxièmement, assurez-vous de choisir des gens capables de créer une structure dans le chaos et d'agir. Ils peuvent faire avancer une équipe, même en cas d'évolution de la conjoncture. Enfin, trouvez des collaborateurs qui possèdent ces caractéristiques essentielles : raisonnement divergent (capacité à faire le lien entre des informations et des idées en apparence sans rapport); action convergente (capacité à exécuter des idées et à produire quelque chose de tangible) et communication influente (capacité à partager les connaissances de manière cohérente et convaincante).

De nombreuses personnes ont l'un de ces traits essentiels, mais votre équipe de projet a besoin de collaborateurs qui les possèdent tous.

48

Protégez les meilleurs collaborateurs du surmenage

Lorsqu'un membre très performant de votre équipe est surmené, vous pourriez estimer que c'est son problème. Mais votre travail consiste à aider les salariés à maîtriser leur stress. Vous pouvez protéger vos bons éléments en leur laissant une certaine autonomie dans le choix de leurs projets. Ne vous contentez pas de leur confier les tâches les plus difficiles ; leur laisser le choix garantit qu'ils travaillent sur des missions qui leur plaisent. Associez votre collaborateur à un autre très performant sur un projet difficile, afin de les stimuler et qu'ils se motivent mutuellement. Ces paires devraient se composer de salariés de même échelon.

49

Offrez des opportunités à vos meilleurs collaborateurs

Tout manager veut garder ses meilleurs éléments. L'une des solutions les plus efficaces pour gagner la loyauté de vos talents est de leur offrir autant d'opportunités que possible. Laissez-les relever de grands défis, tels qu'un projet très visible ou un nouveau rôle de leadership. Vous devrez peut-être batailler avec les ressources humaines pour que ce soit possible. Les responsables RH ont tendance à traiter les gens de façon uniforme et à restreindre les opportunités à des délais rigides. Ils peuvent insister sur le fait que votre talent n'est pas prêt, ou que confier ce poste à ce bon élément n'est pas juste par rapport à ses collègues plus expérimentés. Vous pouvez promettre de rechercher des opportunités pour ceux que vous avez court-circuités et assumer l'entière responsabilité de ce dont votre haut potentiel est (et n'est pas) capable. Ne laissez pas des paperasseries se mettre en travers de votre chemin. Si vos meilleurs talents sont bloqués et contraints d'attendre leur tour, ils iront simplement voir ailleurs.

50

Que faire avant d'annoncer un licenciement ?

Il n'est jamais facile d'annoncer à une personne son licenciement, mais vous pouvez prendre des mesures pour rendre la nouvelle moins pénible. Avant de commencer la conversation, assurez-vous que vous vous êtes préparé de manière responsable. La personne concernée est-elle au courant qu'il y a un problème ? A-t-elle eu la possibilité de réagir à la suite de vos feed-back ? Déterminez le cadre approprié pour cet entretien : un lieu privé où vous ne serez pas interrompus. Réfléchissez à ce que vous voulez dire. Au lieu de préparer un texte, concentrez-vous sur vos intentions. Pensez à la personne : qui elle est, pourquoi vous l'avez recrutée, comment elle vivra ce moment. Essayez de voir le bon côté chez votre interlocuteur. Imaginez-le apporter une contribution plus efficace dans une autre entreprise ou à un autre poste. Et abordez la conversation en partant du principe qu'il a de la valeur, mais peut-être simplement dans une fonction différente.

51

N'ayez crainte de montrer vos émotions

Garder la tête froide est crucial pour la prise de décision et la cohésion d'équipe, mais cela peut avoir un effet pervers : votre personnalité professionnelle peut être tellement rigide que vous oubliez d'être vous-même ou de montrer vos émotions. En tant que leader, il est difficile de susciter l'enthousiasme parmi vos N – 1 si vous affichez toujours une mine sérieuse. La prochaine fois que vous vous préparerez pour un discours ou une réunion importante, pensez aux émotions que vous souhaitez transmettre à vos salariés. Choisissez des mots qui correspondent à votre ton émotionnel. Par exemple, si vous désirez que votre équipe se sente en confiance, affirmez que vous êtes « fier » et que leurs idées sont « percutantes ». Ou si votre équipe est confrontée à des délais serrés, dites-lui que cette mission est « cruciale » et que vous êtes « impatient » de saisir l'opportunité à côté de laquelle votre entreprise ne doit pas passer. Sans langage émotionnel, votre message peut tomber à plat ; aussi, indiquez ouvertement ce que vous ressentez –

les émotions d'un leader sont contagieuses. Si vous faites preuve d'enthousiasme ou de motivation, votre équipe s'imprégnera de votre énergie.

52

Lancez des défis à vos collaborateurs pour entretenir leur motivation

Les dirigeants jouent un rôle crucial en aidant les salariés à comprendre pourquoi leur travail est important, mais il ne s'agit pas seulement de faire le lien entre leur travail et un objectif plus global. Vous pouvez également faire preuve de curiosité : intéressez-vous, posez des questions et impliquez vos collaborateurs dans leurs idées à propos de l'avenir. Expliquez clairement qu'il existe un large éventail de possibilités quant à la façon d'effectuer le travail et que vous souhaitez que vos employés expérimentent de nouvelles méthodes. Dans le même temps, faites en sorte qu'ils restent axés sur l'atteinte des objectifs et leur progression. Demeurez ambitieux face à l'échec et au succès, et poussez vos collaborateurs à accomplir toujours plus. Vous voulez qu'ils éprouvent un sentiment de progrès, de réinvention et de développement, ce qui se traduira par un quotidien professionnel plus significatif et positif.

53

Bâtissez la confiance de votre équipe

Pour être efficaces, les leaders ont besoin de la confiance de leur équipe. Mais comment obtenir cette confiance – et comment la récupérer si vous l'avez perdue ? Trois comportements sont fondamentaux. Tout d'abord, créez des relations positives au sein de votre équipe. Aidez vos collaborateurs à coopérer, à résoudre les conflits entre eux, à faire des feedback honnêtes et discutez avec eux pour connaître leurs préoccupations. Deuxièmement, faites preuve d'expertise et de jugement. Vos salariés sont plus susceptibles de vous faire confiance s'ils pensent que vous avez le savoir-faire technique et l'expérience pour prendre de bonnes décisions concernant les projets de l'équipe. Enfin, soyez cohérent. Vous devez faire ce que vous dites. Tenez vos engagements et toutes les promesses que vous faites. Vous n'avez pas besoin, pour être un leader de confiance, d'exceller dans ces trois comportements, mais d'être bon.

54

Expliquez vos décisions

La plupart des managers consacrent beaucoup de temps et d'énergie à s'assurer de leur équité. Mais il est inévitable que certaines personnes perçoivent les résultats comme équitables et d'autres comme injustes. Soyez transparent sur ce qui vous a poussé à prendre telle décision (comment et pourquoi). Par exemple, si vous souhaitez mettre en place un processus de promotion équitable, en récompensant davantage certaines compétences ou méthodes, exposez vos intentions à votre équipe. Si vous désirez une répartition égale des primes, pour renforcer l'importance de chaque employé, annoncez-le clairement. En tant que manager, vous avez le pouvoir discrétionnaire de prendre ces décisions. Tant que vous avez soigneusement réfléchi aux besoins de l'entreprise et pris votre décision de la manière la plus objective possible, vous avez fait votre travail. Vous aurez toujours la possibilité de rétablir l'équilibre lors d'une décision ultérieure.

55

Évitez une concurrence malsaine au sein de votre équipe

La collaboration est difficile quand on considère son collègue comme un concurrent. Même lorsque les dirigeants ne décrivent pas explicitement un jeu gagnant-perdant au sein de leur équipe, l'état d'esprit compétitif est la valeur par défaut pour la plupart des professionnels les plus performants. Vous devez donc faire passer le message que le succès dans l'équipe peut être plus grand et plus stimulant quand il y a une collaboration entre collègues. Insistez sur la possibilité pour tous les membres de l'équipe de se valoriser et d'apprendre les uns des autres. En outre, suivez ces conseils pour aider vos collaborateurs à adopter un état d'esprit collectif :

- Incarnez le comportement que vous souhaitez inspirer. Faites preuve de curiosité et d'intérêt pour les personnes avec qui vous travaillez, posez-leur des questions sincères et répondez de manière réfléchie à ce que vous entendez.

- Accordez une grande valeur à la réussite collective et récompensez-la par rapport aux performances individuelles.
- Présentez le défi à venir (le travail, l'initiative, le projet) comme nécessitant des idées et des compétences diverses.

56

Ne laissez pas la jalousie faire partie de la culture de votre équipe

Rien de bon n'émerge de la jalousie. Si vos collaborateurs sont amers à propos de ce qu'ils pensent mériter ou de ce que reçoivent les autres, le moral et le bien-être en pâtiront. Vous pouvez lutter contre la jalousie en instaurant une culture bienveillante («Je suis reconnaissant pour ce que j'ai et heureux de votre succès») plutôt qu'une culture de comparaison («Je mérite ce que vous avez»).

Commencez par donner l'exemple. Laissez votre équipe vous voir soutenir vos collègues et les féliciter pour leurs réalisations. Montrez à vos collaborateurs que vous accordez de l'importance à une camaraderie sincère et encouragez-les à se mesurer par rapport à leurs propres réalisations et non à celles des autres. Discutez des moyens de combattre les sentiments de jalousie (et même comment vous-même avez géré la jalousie par le passé). Par exemple, vos collaborateurs peuvent profiter d'un échange avec un ami ou un mentor pour analyser ce qu'ils ressentent et prendre du recul. Ils devraient également essayer d'éviter les comparaisons malsaines et les points de vue déformés qui vont de pair. Une culture dans laquelle les gens veulent la réussite des autres peut faire ressortir le meilleur de chacun.

57

Ne laissez pas une culture toxique démoraliser votre équipe

La culture d'entreprise exerce une puissante influence sur le comportement des salariés. Dans certains cas, ce pouvoir peut devenir toxique, nous amenant à compromettre nos valeurs et à faire des choses que nous ne ferions pas normalement. Vous ne pouvez probablement pas changer une culture toxique par vous-même, mais vous pouvez prendre des mesures pour vous protéger de ses effets. Tout d'abord, déterminez le type d'environnement dont vous avez besoin pour être efficace – et heureux – au travail. Lesquelles de vos valeurs sont délaissées ? Vous sentez-vous en bonne santé et satisfait ? Êtes-vous fier de votre comportement à l'égard de vos collègues ? Ensuite, parlez à vos coéquipiers de la culture que vous souhaiteriez tous avoir. Interrogez-les sur ce qui est important pour eux au travail et sur l'impact des normes de l'entreprise sur leur comportement. Parlez ensuite de la mise en place d'une « microculture » d'équipe basée sur des valeurs partagées par tous.

Cette microculture ne résoudra peut-être pas les problèmes plus vastes de l'entreprise, mais elle peut encourager les membres de votre équipe à résister aux pressions négatives auxquelles ils sont confrontés.

58

Quand modifier les objectifs de votre collaborateur ?

En tant que manager, que faites-vous si, après avoir fixé des objectifs en début d'année avec votre collaborateur, il semble évident que ceux-ci ne sont plus d'actualité ? Il se peut que votre employé ait atteint un objectif et ait besoin d'un nouveau défi, ou que les objectifs de l'entreprise aient évolué. Rencontrez la personne pour examiner les objectifs et les projets existants. Ces questions peuvent vous aider à orienter votre discussion et à réévaluer les objectifs :

- Les objectifs sont-ils toujours réalistes, compte tenu de l'évolution des ressources ou des contraintes ?
- Sont-ils toujours dans les délais ? Est-ce le meilleur moment pour les atteindre ?
- Sont-ils toujours pertinents ? Sont-ils toujours en accord avec la stratégie de l'entreprise ?

Selon les réponses, vous devrez peut-être modifier un seul objectif, en le remplaçant par un nouveau ;

cependant, dans certains cas, c'est l'ensemble du plan qui devra peut-être évoluer. Travaillez en collaboration avec votre N – 1 afin de définir de nouveaux objectifs réalisables et importants pour l'entreprise.

59

En période de changement, interrogez vos collaborateurs sur leurs préoccupations

Si vous voulez mener avec succès un changement, vous devez communiquer sur cette mutation avec empathie. Cela implique de déterminer ce que ressent votre équipe et d'adapter vos e-mails et vos réunions en fonction de leurs préoccupations. Les dirigeants qui ne font pas cela risquent de se mettre à dos leurs salariés, qui peuvent déjà se sentir nerveux ou sceptiques. Aussi, expliquez aux membres de votre équipe ce qui se passe et pourquoi. Demandez-leur leurs sujets d'inquiétude et quel genre d'améliorations ils attendent. Écoutez attentivement, puis servez-vous de vos communications pour répondre à ce que vous avez entendu. Répétez ce processus à chaque période de changement, afin d'évaluer l'évolution des sentiments de vos collaborateurs au fil du temps. L'objectif est de vous assurer que tout le monde se sent inclus et entendu. Vous devez également être aussi transparent que possible sur le changement. Il est probable que vous deviez taire certains détails sur le comment et le pourquoi, mais être ouvert renforcera la confiance et votre crédibilité.

60

Posez les bonnes questions à votre équipe

Le point de départ pour être un leader stratégique est de poser à votre équipe les bonnes questions sur son travail, votre entreprise et la situation dans son ensemble. Voici cinq questions à soumettre régulièrement aux membres de votre équipe :

Que faites-vous aujourd'hui ? Cela mettra en lumière toute tâche importante en cours dont vous n'êtes pas conscient ou qui prend beaucoup plus de temps que nécessaire.

Pourquoi faites-vous le travail que vous faites ? Cela vous permet de clarifier ce qui est important et pourquoi ça l'est du point de vue de votre équipe

En quoi ce que nous faisons aujourd'hui est en accord avec la vision globale ? Il s'agit ici de discuter des lacunes et cas particuliers. Si votre équipe travaille sur quelque chose qui ne correspond pas aux objectifs plus larges de l'entreprise, remettez en question l'intérêt de cette tâche.

À quoi ressemble le succès pour notre équipe? Cela vous permet de cerner ce qui motive réellement le succès de votre équipe, en termes d'activités, de comportements, de relations et de résultats stratégiques.

Que pourrions-nous faire d'autre pour produire plus, mieux et plus vite? C'est là que vous poussez votre équipe à être innovante. Si vous avez fait l'effort de répondre aux questions précédentes, vous disposez des armes stratégiques pour répondre à celle-ci.

Références

Se gérer soi-même

1. « How to Stop Worrying about What Other People Think of You » (« Ne vous inquiétez plus de ce que les autres pensent de vous »), Michael Gervais

2. « How to Lead When You're Feeling Afraid » (« Comment diriger lorsque vous avez peur »), Peter Bregman

3. « 3 Simple Habits to Improve Your Critical Thinking » (« 3 habitudes simples pour améliorer votre esprit critique »), Helen Lee Bouygues

4. « To Achieve Big Goals, Start with Small Habits » (« Pour atteindre de grands objectifs, commencez par de petites habitudes »), Sabina Nawaz

5. « How to Manage Your Perfectionism » (« Comment gérer votre perfectionnisme »), Rebecca Knight

6. « You're Never Going to Be "Caught Up" at Work. Stop Feeling Guilty about It » (« Vous ne serez jamais à jour au travail, alors cessez de culpabiliser »), Art Markman

7. « The Case for Finally Cleaning Your Desk » (« Pourquoi enfin ranger votre bureau »), Libby Sander

8. « Learning Is Supposed to Feel Uncomfortable » (« Apprendre est une situation inconfortable »), Peter Bregman

9. « Making Learning a Part of Everyday Work » (« Faire de l'apprentissage un aspect du quotidien »), Josh Bersin et Marc Zao Sanders

10. « How to Stop Obsessing over Your Mistakes » (« Comment arrêter d'être obsédé par vos erreurs »), Alice Boyes

11. « The Little Things That Affect Our Work Relationships » (« Les petites choses qui ont un impact sur nos relations de travail »), Kerry Roberts Gibson et Beth Schinoff

12. « How to Be Resilient in the Face of Harsh Criticism » (« Comment faire preuve de résilience face à des critiques sévères »), Joseph Grenny

13. « To Become Your Best Self, Study Your Successes » (« Pour obtenir le meilleur de vous-même, analysez vos réussites »), Laura Morgan Roberts, Emily D. Heaphy et Brianna Barker Caza

14. « How Leaders Can Get Honest, Productive Feedback » (« Comment les dirigeants peuvent recevoir des feed-back honnêtes et productifs »), Jennifer Porter

15. « A Simple Way to Map Out Your Career Ambitions » (« Un moyen simple de définir vos ambitions professionnelles »), Marc Effron

16. « Should New Grads Take Any Job or Wait for the Right One ? » (« Les nouveaux diplômés devraient-ils accepter n'importe quel poste ou attendre le bon ? »), Jodi Glickman

17. « Are You at Risk of a Mid-Career Rut ? » (« Êtes-vous dans une ornière de milieu de carrière ? »), Laurence Minsky et Julia Tang Peters

18. « Planning Your Post-Retirement Career » (« Planifier votre carrière post-retraite »), Dorie Clark

19. « Women of Color Get Asked to Do More "Office Housework." Here's How They Can Say Non » (« Les femmes issues de minorités ethniques font plus de "corvées". Des conseils pour dire non »), Ruchika Tulshyan

20. « The Most Powerful Lesson My Cancer Taught Me about Life and Work » (« La plus grande leçon sur la vie et le travail que mon cancer m'a enseignée »), Dan Cable

21. « In a Distracted World, Solitude Is a Competitive Advantage » (« Dans un monde perturbé, la solitude est un avantage concurrentiel »), Mike Erwin

22. « To Succeed as a First-Time Leader, Relax » (« Pour réussir à votre premier poste de dirigeant, détendez-vous »), David Brendel

23. « 10 Quick Tips for Avoiding Distractions at Work » (« 10 astuces pour éviter les distractions au travail »), Steve Glaveski

24. « Having the Here's-What-I-Want Conversation with Your Boss » (« Avoir la conversation "Voici ce que je veux" avec son patron »), Rebecca Shambaugh

25. « How to Spark Creativity When You're in a Rut » (« Comment susciter la créativité quand vous êtes dans une ornière »), Priscilla Claman

26. « How to Get People to Accept a Tough Decision » (« Comment amener les gens à accepter une décision difficile »), David Maxfield

27. « Why You Need an Untouchable Day Every Week » (« Pourquoi vous avez besoin d'une journée sacrée par semaine »), Neil Pasricha

28. « 6 Causes of Burnout, and How to Avoid Them » (« 6 causes de burn-out et comment les éviter »), Elizabeth Grace Saunders

29. « How to Motivate Yourself When You Don't Have a Deadline » (« Comment vous motiver en l'absence de date butoir »), Elizabeth Grace Saunders

30. « Why Highly Efficient Leaders Fail » (« Pourquoi les leaders très performants échouent »), Rebecca Zucker

31. « 5 Strategies for Getting More Work Done in Less Time » (« 5 stratégies pour faire plus en moins de temps »), Elizabeth Grace Saunders

32. « When Life Gets Busy, Focus on a Few Key Habits » (« Quand la vie est bien rythmée, concentrez-vous sur quelques habitudes clés »), Jackie Coleman et John Coleman

33. « Stop Setting Goals You Don't Actually Care About » (« Arrêtez de vous fixer des objectifs sans importance pour vous »), Elizabeth Grace Saunders

34. « The Two Things Killing Your Ability to Focus » (« Les deux choses qui tuent votre concentration »), William Treseder

35. « How to Deal with Constantly Feeling Overwhelmed » (« Comment gérer la sensation permanente d'être sous l'eau »), Rebecca Zucker

36. « How to Leave Work at Work » (« Comment quitter le travail au travail »), Elizabeth Grace Saunders

37. « Treat Your Weekend Like a Vacation » (« Considérez votre week-end comme des vacances »), Cassie Mogilner Holmes

38. « Why You Should Work Less and Spend More Time on Hobbies » (« Pourquoi vous devriez travailler moins et consacrer plus de temps à vos loisirs »), Gaetano DiNardi

39. « How Doctors Can Be Better Mentors » (« Comment les médecins peuvent être de meilleurs mentors »), Sanjay Saint et Vineet Chopra

40. « Boost Your Emotional Intelligence with These 3 Questions » (« Boostez votre intelligence émotionnelle à l'aide de ces 3 questions »), Daniel Goleman et Michele Nevarez

41. « How to Become a More Well-Rounded Leader » (« Comment devenir un leader plus équilibré »), Tony Schwartz

42. « Identifying the Skills That Can Help You Change Careers » (« Identifier les compétences qui peuvent vous aider à changer de carrière »), Christopher Bowe

43. « Establish Expertise Inside Your Company » (« Établissez une expertise au sein de votre entreprise »), Dorie Clark

44. « Why You Should Charge Clients More Than You Think You're Worth » (« Pourquoi vous devriez facturer aux clients plus que vous ne le pensez »), Dorie Clark

45. « The Best Ways to Use Social Media to Expand Your Network » (« Comment exploiter les réseaux sociaux pour étendre votre réseau »), Doug Camplejohn

46. « How to Manage the Emotional Roller Coaster of a Job Search » (« Comment gérer l'ascenseur émotionnel lié à la recherche d'emploi »), Rebecca Zucker

47. « How to Handle Stress during a Job Interview » (« Comment gérer le stress lors d'un entretien d'embauche »), Anna Ranieri

48. « 5 Questions to Ask When Starting a New Job » (« 5 questions à poser à la prise de poste »), Michael D. Watkins

49. « How to Ask for the Job Title You Deserve » (« Comment demander l'intitulé de poste que vous méritez »), Rebecca Knight

50. « A Checklist for Someone About to Take on a Tougher Job » (« Une check-list pour un nouveau poste plus difficile »), Ed Batista

51. « How to Advance in Your Career When Your Boss Won't Help » (« Comment faire évoluer votre carrière lorsque votre supérieur ne vous aide pas »), Kristi Hedges

52. « How to Ask for a Raise » (« Comment demander une augmentation »), Carolyn O'Hara

53. « 4 Things to Do before a Tough Conversation » (« 4 choses à faire avant une conversation difficile »), Joseph Grenny

54. « How to Control Your Emotions during a Difficult Conversation » (« Comment contrôler vos émotions lors d'une conversation difficile »), Amy Gallo

55. « How to Rehearse for an Important Presentation » (« Comment répéter une présentation importante »), Carmine Gallo

56. « The Art of Persuasion Hasn't Changed in 2,000 Years » (« L'art de la persuasion n'a pas changé depuis 2 000 ans »), Carmine Gallo

57. « Virtual Meetings Don't Have to Be a Bore » (« Les réunions virtuelles ne doivent pas être ennuyeuses »), Andy Molinsky

58. « Why Your Meetings Stink—and What to Do about It » (« Pourquoi vos réunions sont nulles et comment y remédier »), Steven G. Rogelberg

59. « How to Speak Up in a Meeting, and When to Hold Back » (« Comment prendre la parole pendant une réunion et quand se taire »), Allison Shapira

60. « The Key to Career Growth : Surround Yourself with People Who Will Push You » (« La clé de l'avancement : entourez-vous de personnes qui vous pousseront »), Claudio Fernández Aráoz

Gérer votre équipe

1. « Good Bosses Switch between Two Leadership Styles » (« Les bons dirigeants oscillent entre deux styles de leadership »), Jon Maner
2. « To Develop Leadership Skills, Practice in a Low-Risk Environment » (« Pour développer des compétences en leadership, exercez-vous dans un environnement peu risqué »), Peter Bregman
3. « How to Overcome Executive Isolation » (« Comment surmonter l'isolement des dirigeants »), Ron Ashkenas
4. « How to Nourish Your Team's Creativity » (« Comment nourrir la créativité de votre équipe »), Ron Carucci
5. *Innovative Teams* (Équipes innovantes), HBR 20-Minute Manager Series
6. « Motivating Your Most Creative Employees » (« Motivez vos collaborateurs les plus créatifs »), Tomas Chamorro-Premuzic et Reece Akhtar
7. « The Best Leaders Aren't Afraid to Ask for Help » (« Les meilleurs dirigeants ne craignent pas de demander de l'aide »), Peter Bregman
8. « What Amazing Bosses Do Differently » (« Là où se différencient les plus grands dirigeants »), Sydney Finkelstein
9. « How to Make Your One-on-Ones with Employees More Productive » (« Comment rendre vos entretiens individuels plus productifs »), Rebecca Knight
10. « How to Stop Micromanaging Your Team » (« Comment cesser le micromanagement »), Rebecca Knight
11. « Don't Be a Hypocrite about Failure » (« Ne soyez pas hypocrite à propos de l'échec »), Justin Brady
12. « How to Help Your Team with Burnout When You're Burned Out Yourself » (« Comment aider votre équipe à lutter

contre le surmenage lorsque vous êtes vous-même débordé »), Rebecca Knight

13. « Why Your Company Needs More Ceremonies » (« Pourquoi votre entreprise a besoin de plus de cérémonies »), Patti Sanchez

14. « Helping Your Team Feel the Purpose in Their Work » (« Aider votre équipe à ressentir le but de son travail »), Dan Cable

15. « To Coach Junior Employees, Start with 4 Conversations » (« Pour coacher de jeunes recrues, commencez par 4 conversations »), Jerry Connor

16. « How to Stop Delegating and Start Teaching » (« Comment arrêter de déléguer et commencer à enseigner »), Art Markman

17. « How to Keep Learning and Still Have a Life » (« Comment continuer à apprendre tout en ayant une vie »), Lisa Burrell

18. « How to Help Your Team Manage Grunt Work » (« Comment aider votre équipe à gérer les tâches fastidieuses »), Whitney Johnson

19. « The Top Complaints from Employees about Their Leaders » (« Les principales plaintes des salariés au sujet de leurs dirigeants »), Lou Solomon

20. « What to Say When Your Employee Makes a Mistake » (« Que dire quand un collaborateur commet une erreur »), Peter Bregman

21. « Burnout Is about Your Workplace, Not Your People » (« Le surmenage est un problème de l'entreprise, pas de personne »), Jennifer Moss

22. « How to Welcome an Employee Back from Medical Leave » (« Comment accueillir un employé de retour d'un arrêt maladie »), Anne Sugar

23. « Help Your Employees Be Themselves at Work » (« Aidez vos collaborateurs à être eux-mêmes au travail »), Dorie Clark et Christie Smith

24. « How to Reduce Personal Bias When Hiring » (« Comment réduire les préjugés personnels lors des recrutements »), Ruchika Tulshyan
25. « What to Do First When Managing Former Peers » (« Que faire quand on devient le manager d'anciens collègues »), Liane Davey
26. « What to Do If Your Team Is Too Busy to Take On New Work » (« Que faire si votre équipe est trop occupée pour entreprendre une nouvelle tâche »), Dutta Satadip
27. « How to Handle a Disagreement on Your Team » (« Comment gérer un désaccord au sein de votre équipe »), Jeanne Brett et Stephen B. Goldberg
28. « How to Mentor Someone Who Doesn't Know What Their Career Goals Should Be » (« Comment encadrer une personne qui ne connaît pas ses objectifs de carrière »), Tania Luna et Jordan Cohen
29. « Many Employees Have a Mid-Career Crisis. Here's How Employers Can Help » (« De nombreux employés connaissent une crise en milieu de carrière. Des conseils pour les aider »), Serenity Gibbons
30. « What Companies Can Do to Help Employees Address Mental Health Issues » (« Comment les entreprises peuvent aider leurs salariés dans leurs problèmes psychologiques »), Barbara Harvey
31. « How to Encourage Entrepreneurial Thinking on Your Team » (« Comment encourager la prise d'initiative dans votre équipe »), Sergei Revzin et Vadim Revzin
32. « 5 Questions Leaders Should Be Asking All the Time » (« 5 questions que les dirigeants devraient tout le temps poser »), James E. Ryan
33. « How to Give Feedback People Can Actually Use » (« Comment faire un retour réellement utile »), Jennifer Porter

34. *Giving Effective Feedback* (*Faire un feed-back efficace*), HBR 20-Minute Manager Series

35. « Why Withholding Information at Work Won't Give You an Advantage » (« Pourquoi la rétention d'informations au travail ne vous procurera aucun avantage »), Zhou (Joe) Jiang

36. « 6 Ways to Set Boundaries around Email » (« 6 façons de fixer des limites en matière d'e-mails »), Sarah K. Peck

37. « What Everyone Should Know about Running Virtual Meetings » (« Ce que tout le monde devrait savoir pour conduire une réunion virtuelle »), Paul Axtell

38. « Make Your Meetings a Safe Space for Honest Conversation » (« Faites de vos réunions un espace sécurisant pour des échanges honnêtes »), Paul Axtell

39. « To Get More Done, Focus on Environment, Expectations, and Examples » (« Pour en faire plus, concentrez-vous sur l'environnement, les attentes et les exemples »), John Zeratsky

40. « Make Civility the Norm on Your Team » (« Faites de la politesse la norme dans votre équipe »), Christine Porath

41. « When to Solve Your Team's Problems, and When to Let Them Sort It Out » (« Quand résoudre les problèmes de votre équipe et quand la laisser régler le problème »), Joseph Grenny

42. « 4 Ways to Help Your Team Avoid Digital Distractions » (« 4 façons d'aider votre équipe à éviter les distractions numériques »), Amy Blankson

43. « Your Team May Have Too Many Prioritizers and Planners » (« Votre équipe peut avoir trop de priorisateurs et de planificateurs »), Carson Tate

44. « Do You Really Trust Your Team ? (And Do They Trust You ?) » (« Faites-vous vraiment confiance à votre équipe ? (Et inversement ?) »), Amy Jen Su

45. « How to Retain and Engage Your B Players » (« Comment garder et impliquer vos collaborateurs de catégorie B »), Liz Kislik

46. « How to Manage a Team of B Players » (« Comment gérer une équipe de catégorie B »), Tomas Chamorro-Premuzic
47. « If Your Innovation Effort Isn't Working, Look at Who's on the Team » (« Si votre effort d'innovation ne fonctionne pas, regardez qui fait partie de l'équipe »), Nathan Furr, Kyle Nel et Thomas Zoëga Ramsøy
48. « How Are You Protecting Your High Performers from Burnout ? » (« Comment protégez-vous vos meilleurs collaborateurs du burn-out ? »), Matt Plummer
49. « The 3 Simple Rules of Managing Top Talent » (« 3 règles simples pour manager ses talents »), Roger L. Martin
50. « How to Fire Someone without Destroying Them » (« Comment licencier quelqu'un sans l'anéantir »), Anese Cavanaugh
51. « New Managers Shouldn't Be Afraid to Express Their Emotions » (« Les nouveaux managers ne devraient pas redouter d'exprimer leurs émotions »), Kristi Hedges
52. « How to Make Work More Meaningful for Your Team » (« Comment rendre le travail plus significatif pour votre équipe »), Lewis Garrad et Tomas Chamorro-Premuzic
53. « The 3 Elements of Trust » (« Les 3 éléments de la confiance »), Jack Zenger et Joseph Folkman
54. « How to Earn a Reputation as a Fair Manager » (« Comment se forger une réputation de manager équitable »), Liane Davey
55. « Get Rid of Unhealthy Competition on Your Team » (« Éliminez la concurrence malsaine au sein de votre équipe »), Amy C. Edmondson
56. « How to Keep Envy from Poisoning Your Team's Culture » (« Comment empêcher la jalousie de nuire à l'ambiance de votre équipe »), Ron Carucci
57. « Keep Your Company's Toxic Culture from Infecting Your Team » (« Ne laissez pas la culture toxique de votre entreprise contaminer votre équipe »), Annie McKee

58. *HBR Guide to Performance Management* (Guide HBR de la gestion des performances)
59. « The Secret to Leading Organizational Change Is Empathy » (« Le secret pour diriger le changement organisationnel est l'empathie »), Patti Sanchez
60. « Being a Strategic Leader Is about Asking the Right Questions » (« Être un leader stratégique, c'est se poser les bonnes questions »), Lisa Lai

HBRFRANCE.FR
Harvard Business Review
FRANCE

OUVRAGES DISPONIBLES EN LIBRAIRIE

Dans la collection « Les Cahiers »

Le Must de la stratégie

Le Must de l'innovation

Le Guide bilingue du manager

Réveillez le leader qui est en vous

Affirmez le manager qui est en vous

Cultivez votre intelligence émotionnelle

Conjuguez performance et bien-être

Maîtrisez l'art de la communication

Optez pour l'agilité

Dans la collection « Best of »

Savoir faire les bons choix : 20 études de cas

Leaders d'exception : stratégies et conseils de 25 dirigeants internationaux

Dans la collection « Les bienfaits de l'intelligence émotionnelle dans la vie professionnelle »

Happiness

Pleine conscience

Résilience

Empathie

Confiance en soi

Leadership authentique

Intuition

Influence & persuasion

Hors collection

La Bible du manager

La Bible du leadership

100 idées impertinentes pour mieux manager

Notes

Notes

Notes

Notes

MIXTE
Papier issu de
sources responsables
FSC® C014138

ISBN : 978-2-8104-3664-4
Dépôt légal : février 2022
Achevé d'imprimer en République Tchèque par Finidr